你的随身财务手册

猫大叔／著

中信出版集团 · 北京

图书在版编目（CIP）数据

你的随身财务手册 / 猫大叔著；-- 北京：中信出版社，2017.5

ISBN 978-7-5086-6236-7

I. ①你⋯ II. ①猫⋯ III. ①会计学－基本知识 IV. ① F230

中国版本图书馆 CIP 数据核字（2017）第 055716 号

你的随身财务手册

著　　者：猫大叔

出版发行：中信出版集团股份有限公司

（北京市朝阳区惠新东街甲 4 号富盛大厦 2 座　邮编　100029）

承 印 者：北京诚信伟业印刷有限公司

开　　本：787mm × 1092mm　1/16　　印　张：16.75　　字　数：200 千字

版　　次：2017 年 5 月第 1 版　　印　次：2017 年 5 月第 1 次印刷

广告经营许可证：京朝工商广字第 8087 号

书　　号：ISBN 978-7-5086-6236-7

定　　价：48.00 元

目录

为财务正名

我经常会提醒刚入行的职场新人们，要做一名合格的财务人员！为什么要做合格的“财务”人员而不是当一名好会计呢？因为这其中有为财务正名的意味。何为会计？按古代的说法是：每月零星盘算为“计”，一年总盘算为“会”，两者合在一起即成“会计”。所以从字面意义上讲，古代的会计就是核算统计，至于统计出来怎么办，就不是会计的事了，那是上级领导的事。后来我们给会计增加了职能，简单来说就是核算和监督——核算成了手段，监督成了目标，说明会计职能已经由简单的记录开始向管理方向转变了。再后来，又提出了“管理会计”的概念。管理会计的出现来自企业内部管理的需求，强调业务、财务一体化，要求会计们从财务管理向价值创造转型。

2014 年，财政部发布了《关于全面推进管理会计体系建设的指导意见》，随后，又为之发布了一系列的政策解读，为全面推进管理会计体系建设提供了具体指导。这一切听起来很是让人振奋，可实际在企业应用中却是困难重重。这里面的制约因素有很多，但我个人觉得，观念没有转变是一个重要原因。很多财务人员一开始就把自己定位在记录、核算上面，最多加上一点监督。有些人在会计岗位干了十多年，也不了解自己公司的业务特点，更不用说推动业务、财务一体化了。在这种情况下，在外行人眼中，财务人员的职能就更为狭义了，在他们看来，会计的主要工作就是记账和付款，管理工作和会计是没有关系的。

当然了，观念的转变需要一个过程，我们也只能从自身做起，一步一步来。我建议第一步就是为财务人员正名，把会计这个帽子甩掉，告诉广大人民群众，我们是财务人员，也是管理人员——一家企业的人、财、物，除了“人”我们管不了（事实上，人力资源管理中的绩效管理、薪酬管理都需要财务管理配合），财和物都与我们的工作职能相关。只有找准了定位，工作才便于开展。

第 1 部分

财务基础

这是一个金字塔尖的行业，
了解基础知识才是敲门砖

第 1 章 不做小会计，要做大财务

增加了核算、监督和管理职能的会计，才是财务

知乎上有个热门问答："一个注册会计师如何通过自己的专业本领创造高收入？"很多财务方面的资深专家在上面贡献了优质的答案，有兴趣的读者可以查查看。总结一下，其实这个问题已经回答了优秀财务的几个必要条件：

（1）你要有合格的专业本领，拥有一个或几个专业资格证书。比如你是一名注册会计师，依靠自身努力通过了专业资格考试。

（2）你干的是财务本行工作。这话听起来是废话，其实不然。这世界上有很多高资格（比如高级会计师）、高职务（比如总会计师）、高收入的人，但这些人做的其实不是财务工作，上升渠道也不一定是传统财务工作者走的路，大多数人也无法复制，所以本书中的优秀财务不包括这类人。还有的人名义上是做出纳会计的工作，实际上是资金保管员，平时工作动手多过动脑，如果不转岗，长此以往提升空间不大。

（3）收入相对高一点。多少算高？可以做一个比较：同龄人中，你要中等偏上；同一个城市，也要中等偏上。总之，你要比平均数高那么一点——不要小看这一点，为此，你要付出比常人多得多的努力。做财

务的都知道，我们学的、考的比一般行当都要多，从会计资格证开始，助理会计师、中级会计师、高级会计师，这是职称类的；还有资格类的，本土的注册会计师，国际上还有国际注册会计师（ACCA）。只有会计类还不够，还有注册税务师、注册评估师，甚至注册土地估价师、注册造价师等等，真是证证无穷尽也！考了这些证还不算完，每年还有继续教育——这是虚的，实的是准则还在不断地变化，几年不学习，专业知识也就忘得差不多了。所以说，做一个合格的财务人乃至优秀的财务精英，你要走的路还很长、很难。

下面，我们就来聊聊做个优秀财务人员需要做哪些准备。

一 干一行爱一行，我们要从心底里爱上财务这份工作

很多财务工作者都是被动入行的，也许是因为高考时专业没选好，或者由于分数不够，又或者是听了家长的话：财务就业面广，哪个单位都需要，也算一技之长。总之，就这样糊里糊涂地入了行，结果进了公司后才发现工作千篇一律、枯燥无味、薪水不高、上升空间也有限，很快便对工作失去了兴趣。一些有上进心的计划着转行，但更多人就此沉沦，一天天地混着日子。

其实任何事情，如果只局限于某一个方面，就只能看到它的缺点。换个角度看，我们正处于一个财务人所能遇到的最好时代。20 世纪 80 年代，我们的前辈还在为“会计是不是企业管理的重要组成部分？”这样的会计本质问题而苦苦争论，到了今天，我们已经不用再为这类问题争论了，至少理论上不用了。整个 90 年代，绝大多数会计给人的印象还是：套两只大袖筒，戴一副厚厚的眼镜；好像永远都坐在窗边打算盘、

记账、结账；手写的单据堆满了桌子，打个喷嚏都要小心翼翼，生怕把单据喷没了。而信息化高度发展的今天，以前占据我们 70%~80% 工作量的账务处理工作已经由电脑完成。财务人已经完全有条件从繁重的核算工作中解脱出来，研究业务，深入管理决策中去。

我们要学的东西还有很多，既要掌握财会领域的知识，又要涉猎其他领域的知识，诸如价值管理、战略管理、公司治理、信息技术、营销管理、投融资、企业法律、国际商务、谈判技能、资产管理等等。我们面前的世界这么宽广而丰富，我们有什么道理不爱上既专又广的财务工作呢？

二　不做小会计，要做大财务

20 世纪 90 年代末，我刚毕业，在一家小商场上班。商场不大，但会计不少，一个财务部有三分之二的人是记商品明细账的［如今这部分工作都让 ERP（企业资源计划）系统取代了］，每天忙得不可开交。我那时年轻，说话直来直去，来公司没几天就提出从市场上找个进销存软件，以后所有单据就只用录不用记了。虽然只是个简单的提议，并没有具体的计划，但我明显感觉到身边的会计有点儿紧张了。后来我才知道，有人回去就买了计算机方面的书，想学些基本操作方面的知识。但大伙都明白，这并没有什么用！只要用上 ERP 系统，必然不再需要那么多会计了。不过，当时没多少人理解信息化到底能带来什么，上系统的事最终不了了之。之后没多久，我也离开了——估计很多人也松了口气。但是，时代的进步无法阻挡，多年以后，听说当年的商品账会计都离职了，最后也没再回到这一行。

这件事告诉我们：时代会变，人也要变，走到时代前面的人会变成成功人士；我们大多数的普通人都只能跟着时代走；跟不上时代发展的最终可能就被淘汰了。

身为财务人，要想跟上形势，首先要认清形势。以前我们常常被人称为“某某会计”，因为那个时代我们的主要工作是核算；会计会计，就是快快地计算。现在我们自称是做财务工作，意思是一个公司的钱和物都由我们负责，这里就体现出“管”的职能。毕竟有人的地方就有组织，而有组织就需要管理，有管理能力的人永远是最抢手的！所以我们要跟着时代的需求走，不要去学那些已经被时代淘汰的技能，比如珠算之类的。既然要学，就学与管理、内控相关的知识。

如果你现在还做一些简单的核算工作，那就要时刻提醒自己，要化被动为主动，站在管理者的角度思考和分析问题。不做小会计，要做就做无法被轻易替代的财务工作。

三 加强业务学习，完善知识体系

在我看来，现代的财务人要体现自身的价值，主要体现在以下三个方面：

（1）搭建内控体系，完善财务相关的制度。老板们聘用财务人员最基本的需求就是把他的钱和物看管好。问题是公司小了还好，找个老板娘就能搞定了；公司如果很大，你找来七大姑八大姨也没用。什么叫内部控制？其核心就是自我约束、自我控制，花尽量少的钱，实现既定的管理目标。说起来容易做起来难，你要真能做到，你就是老板们最可爱的亲属！

（2）强大的分析和判断能力。这里的分析和判断主要是针对业务风险控制的。不管我们是否承认，现实状况是一家公司内部管理得再好，不赚钱也白搭，所以对公司而言，业务永远比财务重要，财务最终还是要为业务服务。所以现代的财务人就算做不到精通，也一定要了解并研究业务，要能从财务的角度把控经营上的风险，并提供必要的支持。这同样是件知易行难的事，公司要向前发展，新业务、新方案会不断出现，没有绝对完美的制度，管理者时时刻刻要面对新问题、新挑战，一刻也不能懈怠！

（3）内外部的协调沟通能力。这应该是一位合格的管理者必备的基本技能了。心里想得再好，表达不出来也没用，而且还要让受众听明白，理解你的意图。我见过不少财务人员，工作兢兢业业、认真踏实，业务水平也很高，可就是无法获得晋升，主要就是因为表达沟通能力不足。财务人员经常会抱怨老板对财务不够重视，可老板们不是专业人员，不可能对每个岗位都精通、了解。这时就需要我们主动出击，经常与老板沟通，让老板们明白财务工作能为公司发挥多大的价值。外部的协调工作也是一样，银行、工商、税务、财政都是财务人员经常要打交道的单位，平时与其建立良好的关系，到关键时候往往有大的收获。

第 2 章　优秀财务人的成长路径

精专、渊博，财务人的三头六臂

这里不讲理论，不说概念，只依据工作经验并结合一些理论基础，聊聊个人看法，希望能对你有所助益。

一　准财务人

1. 做好职业规划

初入职场的人最关心的是自身职业的前景如何，这涉及如何进行职业规划。有计划的人会从大学时期就定好目标，就业后的职业规划会精确到每一年。而悲观者则会认为会计是个靠关系的职业，自己没有背景能有口饭吃就不错了，能混一天是一天，从不为自己的将来打算。

每个人走的路都不一样。我不是人生规划师，在此只能提醒初入职场者一点：没有永远的铁饭碗！在信息化高度发展的今天，每一个行业都受到不同程度的影响，对财务人的影响更是直接而残酷的！要想不被淘汰，只能不断努力，积累知识，积累经验！

（1）学历

这是一块敲门砖，有永远比没有强！但学历绝不等同于工作能力，有高学历可以证明同等条件下你更具竞争力，但很多知识和经验，不是在学校获得的。工作中我们都会发现，在学校学到的知识在工作中能用到 30% 就很不错了。

（2）资格

注意，是资格，而不是职称。资格考试代表的是你具备了从事某项职业所需要的知识和技能，着重反映你是否具备实际业务工作的能力。而职称从字面上讲，仅是职务的名称，就是对这个职位的评级。注册会计师虽然是审计行业的资格认证，但社会认可度显然比会计师要高得多。当然，国家也在深化职称改革，现在会计师的评定主要靠考试，所以还是有一定含金量的。我个人不是很赞成财务人员考过多的证书。2014 年，国家发文取消了一批职业资格许可和认定，包括注册评估师在内的 11 个职业资格都被取消了，这表明了国家的态度。对财务人员来说，一个注册会计师资格已经足够了，应该把更多的精力放到工作经验的积累上去。专业知识的学习也应以财务为核心，花费大量精力考过多的证书是得不偿失的。

（3）公司

第一份工作要宁缺毋滥，尽量找正规公司，能找国企就不要找私企，能找外企就不要找民企。不是说民企不好，而是社会普遍的印象是国企更正规，能学到东西，到时再跳槽，起点会高一点。当然了，凡事无绝对，我也见过在一家大型国企工作多年的名校高材生，到最后甚至连会计准则都忘得一干二净了，人也变得僵化、教条。可以说，条件再好，自己不努力也没用。

（4）岗位

财务岗位的选择很重要。如果你刚入职，没有选择权，从基层岗位做起的活，那就更要注意平时知识的积累，争取早日脱离基层岗位。难度实在太大就多创造机会，争取给领导留下积极上进的印象，机会总是留给有准备的人。

2. 财务岗位分析

（1）出纳和财务总监（CFO）

这是两个差距最大的财务岗位。一个是最底层的现金管理员，需要具备良好的职业道德（现实中出纳是高风险岗位，出事的比例相当高），但技术含量最低，上升空间最小。一个是最高层，财务人职业规划的终极目标，名义上是财务岗位，实际上却是管理岗位，需要具备良好的人际沟通能力；很多时候，财务总监不是仅靠知识和学历就能做到的。

（2）各种明细账会计

可以细分为往来账会计，固定资产会计、成本会计、费用会计、税务会计等等，需要具备一定专业技能，但工作流程固定，时间久了枯燥无味。此外，还有被信息化技术替代的可能，所以找机会寻求上升空间是最佳选择。

（3）财务主管（也叫总账会计）

主要职能是复核和监督，复核凭证的及时性、准确性，监督程序的执行有无偏差。也可能负责报表的编制和分析，有工作量的要求，有技术含量，也有压力。

（4）财务经理

财务经理应该是财务岗位的最高级别（财务总监应该算高级管理岗位），升到这个岗位，具体账务工作就不用亲自参与了。主要职能是为高管们提供财务分析报告、编制预算、把控经营风险，进而参与到企业的全面运营管理，甚至为战略决策提供支持。当然，管理好下属也是必要的工作。

有了上面的简单介绍，岗位的具体选择想必就很明了了。那就是“坐一望二”，自己的岗位熟悉之后，马上向更高层级观察学习，不要安于现状！其实财务工作并不难，很多都是流程化的，该怎么做都有很具体的制度规定，难的是怎么突破这些条条框框，进入沟通、分析、判断、决策的层面。

二　财务技能

很多财会人自己都说财务工作不难，好学易上手！其实这是把财务工作的概念理解错了。不同的财务岗位有不同的财务工作，其中会计核算员的工作是最简单的。现在的代理记账公司，一个人可以代理上百家小公司的账目，除了装订，绝大多数工作都可以通过电脑完成，好操作，易替代，当然不难。但身为一位财务管理者，要掌握的东西就太多了。通过下面的介绍，你会发现，若想成为优秀的财务人员，要学的可真不少！

1. 你会做账吗？

我经常在网上呼吁财务人员要摒弃传统的会计思维，多学管理技能，成为综合性人才，但是不是因此我们就不用重视会计核算了呢？是不是以后凭证就可以放心交给 ERP 系统负责，财务人员只需要专心搞财务管理了呢？答案当然是否定的！就好比一个作家文笔再好，错别字太多也成不了大家。如果说会计是用来描述企业经济活动的语言，那么各种单据、凭证、报表报告就是一个个会计文字了。试想，财务人员如果字都不认得或是认不全，又怎么能写出好文章，做出好报告呢？

（1）账务处理的好坏会直接影响经营决策

前段时间，有一家杂志社的财务主管和我聊到了他们销售合订本期刊的账务处理问题。众所周知，杂志的时效性很强，过期杂志卖不出去，就没有什么价值了，所以杂志社通常都会在年底把当年所有没卖掉的杂志按库存成本价值一次性全额计提存货跌价准备。从财务角度看，杂志社期末存货的账面价值为零。来年杂志社会将过期没有价值的杂志报废，交纸厂打浆，所得作为其他业务收入来处理。

本年度该杂志社为了充分利用杂志的剩余价值，把上年度的某期刊重新装订成册，作为合订本打折销售，实现了 100 万元的销售收入。现在的问题是，这部分杂志由于是过期期刊，作为存货是没有账面价值的，而会计上有营业收入就要有营业成本配比，那这笔合订本销售收入配比的成本应该是多少呢?

该财务主管的 A 方案是:

上年度该合订本对应的期刊成本是 130 万元，按会计准则，先要把上年度计提的存货跌价准备转回，也就是借：存货跌价准备 130 万元；贷：资产减值损失 130 万元。于是合订本的期刊账面价值也就有了 130 万元，配比结转，收入 100 万元，成本 130 万元，毛利额为 –30 万元。同时，当年资产减值损失减少 130 万元，利润总额增加 100 万元。

还有 B 方案:

不再转回已计提存货准备金，而是直接视同废品销售处理，借：银行存款 100 万元；贷：其他业务收入 100 万元；其他业务支出为 0 元。这样，当期资产减值损失发生额不变，毛利额增加 100 万元，利润总额还是增加 100 万元。

以上两个方案对利润总额的影响是一样的，差别是毛利额的核算。A 方案减少了当期毛利额 130 万元，如果该杂志社年终决算考核，毛利额将是个关键指标（在一般公司都是关键指标），那这个方案对管理层显然不利。而 B 方案直接增加毛利额 100 万元，又好像与事实不符，对管理层太有利了。

我提出的是 C 方案：依据会计准则，存货的跌价准备是按照存货成本高于可变现净值的差额计提的。同理，存货跌价准备转回也是以前减记存货价值的影响因素已经消失（合订本有一定的市场需求），可变现净值需要重新评估所导致的。所以本期可变现净值是多少，那么存货跌价准备也就应当转回多少，成本也就应当配比结转多少。我们都知道可变现净值是存货的估计售价减去至完工时估计将要发生的成本、销售费用以及相关税费后的金额。本案例中，期刊合订本再完工的成本、销售费用和相关税费金额都比较低，影响可变现净值的主要因素是合订本的售价，我们假设相关成本费用是 20 万元的话（这里假设费用总额不变），那可变现净值就是 80 万元。账务处理就是，借：存货跌价准备 80 万元；贷：资产减值损失 80 万元。合订本的期刊账面价值为 80 万元，配比结转，收入 100 万元，成本 80 万元，毛利额为 20 万元。同时，当年资产减值损失减少 80 万元。利润总额增加 100 万元。

C 方案符合会计准则的要求，并在一定程度上体现了管理者的经营思路，对业绩考核起到了一定的激励作用。同时也没有夸大合订本创造的经营业绩，防止管理层为了考核需要调节利润结构的可能，应该是比较合理的方案。

我举这个例子是想告诉大家：财务人员要发挥监督管理的职能，就离不开精准的财务核算。财务核算与财务管理相辅相成，缺一不可！

（2）会做账有时和懂盈余管理是画等号的

所谓盈余管理，实际上就是财务人员应管理层要求，对会计利润进行调节，既然是调节，就有调增也有调减。由于企业经营行为是一直在持续进行的，所以增减行为只存在于一个时间段内，把时间放长，放到企业整个生命周期里看，会计利润的调增或调减都是一个整体行为，今天的调减是为了明天的调增；反之也是一样，总数是不变的。看透本质，那企业为什么调减利润就很好理解了。老话说“家有余粮，心里不慌”，对管理层来说，调节下来的利润就是他们的余粮，因为治理层（主要指董事会、股东或政府主管机关）对管理层的要求只会拔高而不会降低，而且这种要求是持续不断的；除非你离职，否则任务指标会一直跟着你。今年利润增长 20%，股东就会要求明年至少不能低于这个数字，否则就是没尽全力、能力不够。但实际上，今年利润的增长可能只是因为比较走运，比如签了个大单。好运不可能年年有，明年按这样的市场环境能保持增长就不错了。由于今年增长20%，明年基数加大，也许还会出现负增长，到时拿不到奖金还是小事，位子不保就是大事了。这时候管理层只能要求财务人员想办法，今年利润能增长20%，但我们可以把那个大单的因素去掉，只反映正常业绩，大单的利润可以放到以后年度或平均或集中地释放出来。这样对股东就好交代了。我们今年利润增长10%，明年可以在市场恶化的情况下，挖潜增效，开源节流，继续保持高速增长，达到15%。于是股东很高兴，主管部门也很高兴，或许奖金还能翻倍！

曾经有位某基金的分析员经常给我打电话，为了打听我们公司的利润情况。我只能告诉他，我们公司业绩很稳定，保持增长是没问题的。此人坚决反对，言下之意，我们应该保持超高速增长，今年利润最少应该增加30%~50%，这样股价就上涨了！其实我明白他的意思：今年公司利润增长30%，他提前知道消息，于是提前买进，赚一笔就撤；至于明年业绩下滑，股价暴跌，小股民被套牢，就不关他的事了。所以对小股民（他们无法提前获得消息，只能当接盘侠）也好，对大股东（长线投资，股价短期波动没有意义）也好，业绩保持稳定增长才能实现利益最大化！从这个角度看，我们的统计部门才是最大的盈余管理专家！

所以说，盈余管理或者直接调节当期利润不一定就是坏事，就好像评价一个人，当面直接指出他的缺点让他下不来台可能会起到反作用，而换一种方式，把你的意思委婉地表达出来，有时效果可能会更好。盈余管理有市场需求，广泛存在于各行各业，对财务人员，尤其是财务管理人员来说，不是会不会、做不做的问题，而是怎样才能做到最好，从而实现企业和自身的利益最大化！

凭证好做账难读！我们来到一家新的公司当会计，首先要做的工作就是看前任的账是怎么做的，一方面可以学习总结前人的经验（这个容易，照做一遍就是），另一方面还要能发现别人的不足，这就有些难了。所以我们还得看懂账！第一步要学会看财务报表，知道其中每一个重要项目表达什么信息。

2. 读懂财务报表

货币资金：作为资产类科目，我们一般会关注它的期末数字的真实性，却会忽略它的发生额；记得要核对账单，却少有人认真核对流水。以我的经验来看，财务监管中重要的是对资产的监管，资产中现金是最容易被挪用的，所以核对银行流水，检查所有发生额有无及时入账是非常有必要的。

应收票据：我一直认为这个科目中的银行承兑汇票应该划入货币资金类，进行重点监管。因为银行承兑是可以直接背书支付或贴现的有价证券，流通性不弱于定期存款，但出问题的风险比定存大多了。如果你手上有一笔大额的承兑汇票，还有6个月到期，公司的内控又不是很强（很多公司会按制度要求每个月编制银行对账单，但不会每个月都核对银行承兑汇票），那么恭喜你，发财的机会来了，你可以把银行承兑汇票贴现，付点贴息就能把现金套出来，用来炒股、放贷甚至赌博；当然，到期钱还不上后果自负。

那商业承兑汇票呢？准则没有规定商业承兑汇票必须计提坏账准备，很多企业为了少提坏账准备调节利润，年底会把部分应收账款转化成应收票据。由于商业承兑汇票没有银行担保，产生坏账的风险和应收账款没有本质区别，在报表中与银行承兑汇票一同列示实有误导的可能。我的建议是，企业应根据实质重于形式的原则主动把商业承兑汇票视同应收账款处理，并执行相同的会计政策。

其他应收款：新准则颁布以后，待摊费用、待处理财产损益等科目在报表上消失了，但不意味着企业账套就不设置这些科目了，如果年终不及时处理，最终这些科目的余额会反映在其他应收款里；还有企业为了调节利润，年终时会把一些已发生的大额费用挂账，也会挂到其他应收款里。所以如果报表中其他应收款的期末余额要比期初有明显增加，投资者就应格外关注。

应收账款：应收账款最大的问题是坏账准备的计提，应收账款的账龄分析是财务工作的一个难点，如果平时工作不注意做好记录，年底很难准确分析出来，有些财务人员为了省事，会简单地划分一下，准确性难以保证。账龄不仅仅是为了计提坏账，对经营者来说，通过账龄分析加强对业务人员的经营考核才是最重要的。一般来说，应收账款一年以上还收不回来，发生坏账的概率就很大了。

存货：存货的风险是报告中期末存货余额到底有多少是真实的。前面提到过，简单粗暴的假账会计会用多结或少结存货成本的方法调节当期利润；高明一点的会在存货成本的构成上做文章，把大量期间费用当作制造费用分摊到存货成本里。虽然通过一定审计手段能够发现这类问题，但对普通投资者而言，存货永远都是高风险的区域。

怎么看存货？一看结构，二看库龄。看结构是存货中原材料的比重，因为原材料都是外购的，变现能力强，贬值可能小，如果公司的存货主要是原材料，风险就会小得多。库龄也很重要，通常来说原材料库龄长还好一点，企业可能是为了囤货增值。产成品库龄长就要特别关注了，价值要打上一个大大的问号。这里就有个计提跌价准备的问题，由于存货跌价准备一般是按存货的可变现净值比较后计提的，可变现净值本就不好测算，如果市场不透明或变化较大，就更不好估计了。所以很多财务人员年底根本不计提跌价准备，或者为了调节利润有意多估或少估跌价准备。由于计提后可以调回，存货跌价准备已经成了部分财务人员调节利润的重要手段。

发出商品也是高风险区域，商品发出后，听起来只差确认销售这最后一步了，实际可能差得很远。把商品发出去只是为了铺货占个架子，卖不掉来回退货费用还要企业自己承担。这都是小事，就怕有些人从中耍手段，货早没有了却声称在外地放着呢！年报审计时间有限，不是特别重大的存货一般不会去现场，就是发个函让对方仓库确认一下，最后把风险都留了下来。

固定资产、无形资产、在建工程：

该提的折旧不提，该摊销的不摊销，该转固的不转固，这些都是财务造假经常用到的初级手段。手段是初级了点，但还是好用，所以新准则强化了附注的披露内容与要求，只要把固定资产、无形资产的结构和增减变动情况说明清楚，这方面造假的难度就会加大。

当然，漏洞还是存在的，固定资产可以加速计提折旧，无形资产存在资本化与费用化的问题，在建工程可以拖延转固时间，从而少提折旧。这也是会计处理要特别注意的地方。

政府补助：政府补助是比较容易出问题的科目，因为发放补助的权力在政府，而发放机关有时对企业的情况并不了解，从源头上就可能出现定位不清的问题。一些企业为了省事，在核算政府补助时根本不去区分是与资产相关还是与收益相关，直接跟项目走的补贴也会计入当期收益。也有企业为了调节利润，还没收到补贴就提前确认营业外收入；相反，收到了补贴却不及时确认的情况也时有发生。

现金流量表： 这是很多经营者容易忽略的一张报表，实际上这张表提供的信息非常重要，因为现金流量表采用的是收付实现制，收多少、付多少都是明账，财务人员很难控制，所以现金流量表往往能在某一方面反映出企业真实的经营情况。

很多企业编制现金流量表都很随意，因为资产负债表和利润表主要是从账套中取数，现金科目如果平时不做辅助核算，年底就要靠财务人员手工编写，非专业人士很难验证现金流量表所列报数字的真实性。不过判断现金流量表的数字是否真实也很简单，需要关注投资活动现金流量和筹资活动现金流量，这两项与资产负债表联系很紧密，对照一下就能分析出编得是否正确。相应的，这两项对了，经营性现金流量净额就可以推算出来。怎样判断经营性现金流量列报的信息质量呢？关注一下支付的、收到的其他经营性现金流项目，很多人编不平现金流量表时就会把差额放到这两项，如果这两个项目的数字比较大（要与企业规模结合查看），经营性现金流量就有可能失真。

很多人都喜欢去了解一个企业的工资水平，把现金流量表中支付给职工以及为职工支付的现金发生额除以这个企业的人数，就能大概算出该企业平均工资水平了。当然，这个数字反映的是企业人员的总成本，包括五险一金的企业负担数，员工实际到手的数字肯定没有这么多。有些企业想隐藏利润时会在年终预提一些应付职工薪酬，与现金流量表对照一下，如果本年和上年支付的工资没有太大变化，那应付职工薪酬也不应该有太大变化（有些企业可能会有部分年终奖当年计提下年发，这是正常的）。

把销售商品、提供劳务收到的现金与营业收入对照看，一般来说前者要大于后者，因为销售商品、提供劳务收到的现金是含税的；如果前者比后者小很多，就要注意了。再对照一下资产负债表，看看是不是有大量应收账款没有收回，也许企业在虚估收入，同时潜在的坏账风险也在增加。

总之，一个企业经营的好坏最终都要通过财务报告来反映，只有做好财务报告，用好财务报告，才能理解报告所反映的经营实质，从而最终为经营管理者、投资人提供有价值的信息。

3. 财务报告的编制

财务报告是反映企业财务状况和经营成果的书面文件，通常情况下，一份完整的财务报告包括资产负债表、利润表、现金流量表、所有者权益变动表以及会计报表附注，即所谓的“四表一注”。一家企业一年的经营成果、资产现状到底怎么样，最终都要通过财务报告反映出来，不论是管理者还是股东、借款人、客户，要想了解企业的真实情况，首先要拿到这份报告书。正因为财务报告如此重要，这几年监管层对财务报告的披露要求也越来越高。怎样做好财务报告，使之满足各方报告使用人的需求，是我们财务工作者应当重视的问题。

（1）做好财务基础工作

每年的年底都是财务人员最忙碌的时候，要为出报表做准备工作，银行账要对齐，现金、存货要盘点，往来账要对清，折旧要计提，这些都是基础工作。同时还要注意应收款项、存货的坏账准备有没有按会计政策计提完整，该确认的收入、成本、费用有没有按准则确认完毕，等等。所有这些基础工作都做好了，才能开始财务报表编制。

（2）资产负债表的编制

并非该做的账都做完了，就可以直接往报表里填数字了，报表的科目与账簿上的科目大部分是一致的，但列报时也有区别。编制资产负债表时要注意科目的分类是否准确，这是很多财务人员容易忽视的问题。比如，应收账款的负数要填到预收账款，应付账款的负数要填到预付账款。还有金融资产的分类，包括交易性金融资产、可供出售金融资产、持有至到期投资、长期股权投资的主要区别等等。递延所得税资产和递延所得税负债是财务会计里的难点，这里需要结合所得税会计和税法里的要求，逐项分析填报。

费用挂账也是资产负债表中经常出现的情况。什么是资产？资产是指企业过去的交易或者事项形成的、由企业拥有或者控制的、预期会给企业带来经济利益的资源。基于这个定义，在账务处理中经常出现的一些待处理事项，比如待摊费用、待处理财产损益等虚拟资产由于不能为企业带来经济利益，在报表列报时都应当及时清理并反映在当期损益中。同样，预提费用由于是未来发生的开支，也应被排除在外。

（3）利润表的编制

利润表编制需要注意几个关键点。比如，财务费用和政府补贴一般是按收付实现制处理的，如果你有定期存款，没有收到的利息是不允许预提的，同样，只有文件却没有收到的政府补贴也不允许提前计入营业外收入；如果有权益法核算的长期股权投资，年底需要对方提供报表，按股权比例计提投资收益；所得税费用不能简单地按应纳税所得额乘以

25%，还要注意递延所得税调整。最后要特别注意利润表与资产负债表的衔接，由于新准则把利润分配表列报的信息转移到所有者权益变动表反映，导致部分财务人员忽视了利润表中期末未分配利润与资产负债表中未分配利润的核对工作（我甚至见过一些审计报告也出现了这种报表不平的低级错误）。还有一些不容易发现的小细节，比如上期少数股东权益（在本期没有意外变化的情况下）加上本期少数股东损益应当等于本期少数股东权益等等。

（4）现金流量表的编制

表面上看现金流量表不能从科目中直接取数，好像与前面两张表关系不大，实际上三者之间还是有联系的，经营活动产生的现金流量中的各项目与损益表中的项目关系密切，所不同的是前者采用的是收付实现制，后者采用的是权责发生制，反映的是同一个问题的两个方面。

投资活动产生的现金流量侧重反映了资产负债表中的主要资产的变动情况，以及该部分资产的收益情况。而筹资活动产生的现金流量侧重于借款、还款以及资产负债表中所有者权益部分的变化。

我们还应该注意到，按现在的相关规定要求，现金流量表中的“期末现金及现金等价物余额”已不是必然等于资产负债表中的“货币资金”了。现金流量表更注重货币的流动性，所以其他货币资金中的保证金由于流动性受限，不再被视为现金及现金等价物，但仍被视为货币资金。

（5）所有者权益变动表的编制

所有者权益变动表反映一定时期内所有者权益变动的情况。这张表实际上是对资产负债表里所有者权益部分的一个补充说明，只要前面三张表填写正确，这张表很容易就出来了。

（6）会计报告附注的编制

附注是对会计报告的重要组成部分，即对前面四张表所列示项目的详细说明。当然，报表中不能列示的部分，在附注中也可以补充。

我认为，好的附注应尽可能地把报表中列示的项目都一一说明，重要项目的变化在 10% 以上的，要重点说明；对变化在 30% 以上的不重要项目，也要仔细说明。要描述得简单明了，让非专业人士也能看明白。

附注有一部分重要内容叫作重要会计政策和会计估计，这部分内容其实是报表编制的基础，直接决定了报表编写的方向，不论报告编制人还是使用人都应当引起重视。

好的会计政策和会计估计应当是结合企业经营情况设计的，如果经营环境或市场状况发生变化，会计政策和会计估计也应随之发生变更。当然，这是在符合《企业会计准则》相关规定的情况下。

举例来说，一个多元化的集团公司，主业有制造业，同时也做商贸业务，那么在制定应收账款计提坏账准备的比例时，就应当按行业类型分别制定，制造业应收账款回款期一般相对较长，客户也比较稳定，发生坏账的风险也比较小；商贸业务毛利率低，走的是量，客户变动较大，要求快进快出，以降低风险，一旦超账期回不了款，发生坏账的风险就很高。所以对两个不同行业就应当根据其行业特点和实际情况，分别制定应收账款坏账准备计提比例，这不仅是对投资者负责，也是出于管理的需要。

有的财务人员根本不编写附注，实在有必要就让会计师事务所代写，这当然是不对的。编写附注的过程也是增加对企业了解的过程，通过这个过程发现一些问题，提出一些管理方面的建议，是财务人员应尽的义务。

4. 合格的财务分析报告

一份合格的财务分析报告是什么样的？通常我们会认为文字越详细，指标越多，表述得就越清楚，领导会更满意。这种观点不能说不对，但我还是认为内容比形式更重要。好的财务分析应该注重两个方面。一是看对象，就是考虑财务分析写给谁看的。如果是写给专业人士分析用的，当然越详细越好，因为他们是外人，本来就不了解公司的情况；如果是写给内部管理层看的，就不一定要长篇大论——领导比较忙，又不是专业人士，写太多专业术语，对方看起来也累，所以抓重点才是关键。二是要结合业务，不能就财务论财务，财务分析其实分析的核心还是业务，脱离业务就是脱离实际。几个干巴巴的数字，只是看起来表面光鲜，却没有实际价值。

所以说光靠文字功底和熟练运用指标是写不出合格的财务分析报告的，最重要的是不断分析数字的真实性。平时及时把账做好，内控没有严重缺陷，最后出来的哪怕只是三张主表，也比你写上几十页文字加配图，但数字来源却是假账的财务分析报告强得多。

5. 财务与管理

个人理解，财务管理就是财务与管理：财务是一种行为，管理是一个目标，财务行为要为管理目标服务。

财务管理的过程其实就是财务部门与其他部门打交道的过程。作为公司的一个重要职能部门，财务部与其他部门打交道自有其特点。财务部更注重对其他部门的监督，对办公室，要求报销合规合理；对业务部门，要求合同完整可信，风险可控，等等。所以财务管理也可以说是从财务的角度行使监督的职能。如果一个公司的财务部只负责接收信息，再把这些信息转换成会计信息，最终形成三张表，这样的财务部其实只能算会计部，或者是核算部。一个真正的财务部，应该针对监管职能制定出自己的核算办法，让核算为管理服务——核算是手段，管理才是目的。

说了这么多，那财务管理到底管什么？在我看来，只要与经营相关的管理活动都会涉及财务，所以财务管理也可以理解成什么都要管。但是你的角色定位是财务人员，所以要从财务的角度出发，管与财务相关的事情。

（1）管钱

这是货币资金财务监管最重要的一环，因为一家企业从成立到结束都在围绕着一个目标转，那就是“赚钱”！如果你仔细观察一下，也会发现各行各业的管理手段虽然各不相同，但最终目标都是一样的，就是把手中的钱放出去，换回更多的钱。所以加强应收账款管理是为了把钱收回来，加强存货管理、固定资金管理、无形资产管理等等也是一样。企业不论大小，开门做生意第一件事就是把钱管好。大型企业集团更是如此，把下属子公司的资金归集起来，统筹安排，既是为了效益最大化，也是为了资金安全。一个小小出纳把钱拿去炒股、炒期货、放贷，最后造成巨额损失的案例实在太多，都是监管不力的问题。子公司太多，员工的素质有高有低，有制度也很难做到执行到位，所以把资金收上来，统一管理才是王道！收上来怎么管就看各企业的具体情况了。任何资源集中起来总比分散发挥的作用要大，更何况是钱。我们可以和银行谈判，要求提供协定存款利率；可以和银行签订战略合作协议，要求更大授信额度，更便捷服务；可与信托公司谈，买些信托理财产品，有时可以争取到 10% 以上的收益，说不定比公司主业毛利率都高；也可以在集团公司内部成立财务公司，进行资金调剂，以丰补歉，降低资金使用成本。总之一句话：管好了钱，什么都好办！

（2）管存货

一方面是核算管理，主要是成本的归集，要重点关注制造费用，就是期间费用资本化，调节利润；建议做好制造费用的财务分析，同时把制造费用明细项简化，业务招待费、办公费之类的科目千万不能设。还有就是库龄问题，务必做好库龄分析，一年以上的存货除非有证据能证明已升值，否则必须提跌价，让子公司认识到长库龄对业绩的影响，达到盘活资产的目标。

（3）管投资

最好不要让子公司有投资理财的权限，经营就是经营，投资还是交给集团管理比较好，里面水太深，风险也大，权力一分散，就没法管理了。具体怎么投，可以另写一本书了，这里就不多说了。需要提醒的一点是，简单的理财性投资财务的发言权应该大一些，但战略性的投资，比如成立或购买某个公司，进军某个行业之类的，财务人员应当守好本分，不是你的事就不要随便表态。财务要关注的是被投资方财务数据的真实合理性。

(4)管往来

往来的管理重点在授信，这里的授信指的是对客户授信。财务人员要能认识到应收账款相当于短期贷款，超期收不回的应收款是有机会成本的，一样会给企业带来损失，很多坏账往往是长时间不催收导致的。要统一授信制度，可以通过信息化把授信期设计好，超期的不许再发货。

(5)管采购和销售

这个最重要，也最不好管理。如果是集团公司，最好能上收采购权和销售权，可以设一个专门的采购公司和一个专业的销售公司；这样做也有问题，就是很难保证采购公司或销售公司的专办人员不会出问题。建议让生产单位也参与进来，至少有个建议权，相互制衡。

6. 利用信息化技术

这里要强调的是“利用”两个字。不要求我们什么都会、什么都精，但当今时代，信息化是任何一个岗位都回避不了的问题，尤其对财务岗位而言，信息化取代核算会计职能已经显而易见了。但信息化不是万能的，它还取代不了财务管理岗位，这就要求我们掌握一定的信息化技术，进而利用信息化技术提升财务管控能力，为企业管理工作服务。

利用不等于依赖。信息化技术对各行各业的影响已经是有目共睹了，导致有部分人产生了错觉：有事就找信息化！管理上有需求，找信息化；管理上有问题，也找信息化。其实信息化技术说到底也是一种工具，解决问题最终还是要靠人。有部分企业应用信息化技术多年，模块也装了不少，但管理水平却没有多少提升，甚至还下降了。主要原因就是过于依赖信息化了，没有抓到问题的实质。以前内控出了问题，可以找责任人；现在内控出了问题，就都是系统问题，是系统不完善，所有人都没有责任了。长此以往，问题不仅得不到解决，反而会越来越多。

7. 会做预算管理

中介机构或是上级主管到一家公司审计或检查，通常都会问一句：你们单位有预算吗？有没有预算已经成为衡量一家公司管理水平高低的重要指标了。回答通常也都是一样的：我们有预算。实际上，绝大多数达到一定规模的公司都有预算管理，但执行的程度就有高低之分了。预算管理的终极目标是实现全面预算管理，这个口号很多企业都会喊，不要说公司领导了，就是财务人员，又有多少人真正理解什么是全面预算呢？我曾经问过一位全国知名的软件公司顾问：你们全面预算系统真正实施成功的有几家？对方回答，他自己实施过的真正达到全面预算管理目标的公司还没有一家，更多的公司只是声称达到了而已。由此可见全面预算管理的难度。所以财务人员为企业做预算要明白以下几个要点：

（1）首先要告诉高管，预算不是仅靠财务部门就能做好的（当然，如果只是为了应付上级部门，那财务人员也能做预算，但都是表面功夫）。做预算，公司从上到下就都要有预算意识，从定目标到编制，从执行到考核，公司每个部门都要参与。财务部门可以牵头，比如培训、答疑、指导，但核心永远是一把手，没有一把手的全力支持，预算目标永远也无法实现。

（2）结合公司实际情况制定预算目标。要明白做预算是为了控制费用还是为了控制成本，或者是投融资也要带上。一开始不要把目标定得太大、太高，不然到时候预算与实际脱节，做了也等于没做，最后士气没了，来年再做压力大，难度也大。

（3）做到权责发生制与收付实现制各有侧重。财务预算当然是以财务为核心，但不等于以会计准则为核心。很多财务人员习惯按会计核算的方法编预算，核算有什么会计科目，预算就有什么科目，核算要出三张报表，预算也要出三张报表，但这样的预算只是表面好看，但没有侧重点，最终效果并不好。比如资金预算，编制目的通常是全年能为公司经营提供足够的资金，且不会出现资金闲置。我们要细分到每个月甚至每一周存量资金有多少，有多少资金流入，有多少资金流出，如果流出大于流入，缺口有多大。这显然要运用收付实现制原则。

（4）经营预算要与财务预算联系起来。经营预算的编制主体是业务部门，财务预算的编制主体是财务部门，一家公司的成败最终还是取决于业务经营的好坏，所以财务预算的依据是经营预算，目标也是为经营服务。所以经营预算不能由财务部门代编，但也不能各编各的，财务部门要为业务部门培训预算管理知识，协助制定预算目标，做好沟通、解释工作，帮助业务部门完成经营预算工作。

（5）预算是各部门工作的考核依据。大多数预算沦为形式就是最终考核不到位。如果预算不能成为考核的依据，那就不会有人重视预算，来年更不会有人认真编制预算。管理目标定得再合理，没有执行就无法落到实处。

8. 博学的财务人

前面说过，财务管理要求我们与各个部门打交道，而人与人沟通的前提就是要了解对方，明白对方的立场和想法，不然各讲各的，很难成事。对外，我们最常接触的税务、工商、财政等部门，特殊行业还有主管机关，所以最基本的行政法规和流程都要知道一点。平时没事看看财经新闻，关键时候真能用上。对内，和业务部门的联系主要是风险和考评，控制业务风险要求我们了解一定的行业特点，如果你们有进出口业务，就必须掌握与汇率、进出口贸易相关的知识。最新的上市公司财报，与金融工具相关的风险已经是一个重要的必填项了，里面要求披露的信用风险、流动性风险、市场风险（包括汇率风险、利率风险等）涉及的知识面相当广，没有一定的金融知识看报告都费劲，更别提编制了。风险如此，核算成本利润也是一样，不同的业务类型核算方法不一样，制造业的成本核心是预算，也就是定额成本管理，没有定额成本就无法与实际成本比较，也就没办法实时监控。商品贸易业成本核算相对简单，重点不是算毛利率，而是核算机会成本或资金成本。比如，一笔业务毛利率是 2%，对于商贸行业来说也算不错，但账期是一年，最终收益还不如定期存款高，看似赚钱，实际是亏了。不同的业务管理重点不同，要抓住重点，就要求我们了解业务，至少不能说外行话。

第 3 章　财务人的基本准则

对各种经济行为一通百通的基础

企业会计准则前三条是这样说的：

“第一条　为了规范企业会计确认、计量和报告行为，保证会计信息质量，根据《中华人民共和国会计法》和其他有关法律、行政法规，制定本准则。

第二条　本准则适用于在中华人民共和国境内设立的企业（包括公司，下同）。

第三条　企业会计准则包括基本准则和具体准则，具体准则的制定应当遵循本准则。”

这三段话意思是说企业会计准则是我国财务人员的基本法，所有财会人员做账都要按照基本法！其中各种具体准则都是依据基本准则制定的，可见基本准则的重要性。

基本准则规范了包括财务报告目标，会计基本假设，会计信息质量要求，会计要素的定义及其确认、计量原则，财务报告等方面的内容。从内容上看这些是初学者都能掌握的基础知识，上学时就没怎么重视，到了社会上就更不会学了。实际上基本准则是具体准则制定的依据，我们学习财会知识仅靠死记硬背是不行的，还要学会理解准则为什么这样规定，这就要求我们先熟练掌握基本准则，然后再学习具体准则时就可一通百通。而且市场经济环境下什么样的经济行为可能发生，几十条具体准则不可能为所有的会计处理都提供依据。这就要求我们碰到新情况时要活学活用，以基本准则为理论基础，碰到问题时灵活解决！

一 财务报告的目标

基本准则规定财务报告的目标是向报告使用者提供与企业财务状况、经营成果和现金流量等有关的会计信息，反映出企业在报告期间做了什么、成果如何，从而有助于财务报告使用者做出决策。财务报告使用者主要包括投资者、债权人、政府部门和社会公众等。注意这里的报告使用者没有企业管理层，并不是说管理层不使用报告，而是想提醒我们这些财务工作者编制财务报告主要是为投资者、债权人服务。管理层拥有经营权，有义务把投资者投入的资产管理好，并为投资者决策提供有效的信息。作为财务工作者，我们在编制财务报告时要从满足投资者信息需要的角度出发，把企业真实的经营成果及时地反映出来，而不是给大股东一套表、小股东一套表、银行一套表、税务一套表，最后给工商部门又是一套表。

二 会计基本假设

企业的会计处理，从核算到出报告都是建立在一系列假设的基础上，会计基本假设包括会计主体、持续经营、会计分期和货币计量。

1. 会计主体

会计主体指企业会计确认、计量和报告的空间范围。进行会计处理之前一定要先认清会计主体，如此也就认清了会计处理的范围。也许有人会说，会计主体谁不知道，这还用说吗？其实很多问题都是因为没有认清会计主体导致的。

会计主体其实就是核算主体，它与法人主体最大的不同是主观性强，对象不同，需求不同，可大可小，可以随意排列组合。之所以把会计主体放到第一个讲，是因为会计主体是基础中的基础，核算、分析和管理，都是围绕着主体进行的，而且很多财务管理行为都要用到这个概念。理解这个概念，我们首先要明白会计主体不一定就有账。比如，让你给一个多元化集团公司做个财务分析，首先就要给集团的多元化业务进行分类，比如商贸行业，制造行业，服务行业，不同的业务类型需要重新排列组合，看看各行业收入多少、利润多少、占有多少资源等等。这些数字一一列出来，一个新会计主体也就形成了。同理，合并报表的编制也在创造一个大型的会计主体，由于外部并购的存在，合并报表的资产价值和原法人主体的资产账面价值是不同的，这就要求我们在编制合并报表时有个再计价、再核算的过程。明白了会计主体的原理，编制合并报表时，很多原本想不通的事也就自然而然地明白了。

举个例子，经常有人私下问：我在单位做外账，老板还有个亲戚做内账（目的当然是为了避税），那我这样做外账有没有义务把内账的合并进来？如果不合并要不要负什么责任？回答这类问题之前我们先要分清“老板的财产”和“老板投入企业的财产”之间的区别。会计主体要核算的是股东投入的资本与以企业名义借入的资产，这才是会计主体要处理的内容。假如老板在公司旁边用自己的钱又租了厂房机器生产产品，这就不属于企业的会计处理的范围，因为它们不是一个会计主体。所以只要老板没有利用企业的资源，外账就没有道理合并内账（内账涉及税收之类的法律问题还是存在的，但不在本书讨论范围之内）。

会计主体和法律主体有不同点，也有相同点，相同的是法律主体一定是会计主体，不同的是会计主体不一定是法律主体。会计主体可以小于法律主体，比如公司为了经营考核方便把一个生产部门单独拿出来建了一个账套，独立反映其财务状况和经营成果，这个生产部门就是一个会计主体。会计主体也可以大于法律主体，比如一个集团母公司通过投资控制了几家子公司，母子公司都是独立法人，但为全面反映集团公司的财务、经营状况，我们把集团当成了一个会计主体并编制合并财务报表。从法律角度看，这个集团是不存在的，但它的确是一个会计主体。一个大的集团会分好几个层级，子公司下面还有孙公司，所以不同的角度会出现不同的会计主体，子公司和它控制的孙公司是一个小的合并会计主体，若干个合并主体又可以组成一个大的合并主体。几年前中国加入世贸组织谈判那会儿，有国外专家提出中国的国有企业的独立性不够，都受国资委等政府机构的控制，因此要求把我们所有的国有企业当成一个会计主体，主体内的企业间交易都算关联交易。目前仅国字头的企业就有一百多家，再算上地方国企，这么多家企业合在一起编制合并报表？还好后来这事不了了之，否则真不知道谁能完成这种工作。

2. 持续经营

生活中经常会看到一些店面因租约到期而清仓大甩卖，这时出售的商品价格会比平时低得多。在财务上，我们会说这家商店不能持续经营了，处于清算阶段，账务处理就会有很大区别。对于非持续经营的公司，很多我们平时经常用到的核算方法都不会用到，比如会计估计就不用估计了，坏账准备也不用计提了，能收回多少就多少；累计折旧也不折了，直接按净值计价处置。持续经营与否对我们现阶段的资产计价方法会产生很大影响。

持续经营也是一种会计假设，假设企业会一直继续经营下去，不会关门停业。持续经营是很多会计处理的前提，比如历史成本计价原则，这一原则是企业计量资产成本时经常遵循的基本原则，前提就是企业会一直持续经营下去，要计量资产贬值可以在历史成本的基础上分年计提折旧或跌价。但是企业清算时，资产的价值更加注重可变现性或者公允价值，因为企业已经停产清算，从债权人的角度来看，他们更关心的并非资产、负债的过去价值，而是其现时的价值。如果没有持续经营的会计假设，也就不会有待摊费用、预提费用这些会计科目，公司都关门了，预提或摊销也就没有意义了。如果不再持续经营，企业也就不会再挂应收账款了，更别想欠别人的钱，有限的销售行为也是现货现款。所以在会计报表附注第二项“财务报表的编制基础”中，我们都会看到这样一句话：“本公司以持续经营为基础，根据实际发生的交易和事项，按照企业会计准则及其应用指南和准则解释的规定进行确认和计量，在此基础上编制财务报表。”所有正常经营的企业附注中都能看到这句话，因为它是企业选择会计确认、计量和报告原则与方法的前提。

3. 会计分期

我们知道年、月、日这些时间概念都是为了计时方便人为划分出来的。会计分期把持续经营的生产经营活动划分成等额、连续的期间，按期结算并编制会计报表，目的是为了及时向有关方面提供财务信息（如果不分期就只能等企业关门那一天，才能看到企业的财务状况了），有了会计分期也就有了本期和上期，同行之间进行会计信息比较时口径也能一致，会计分期还是按期计提折旧、摊销等会计处理的前提。

最经常用到的会计期间是月度、季度、半年度和年度（通常我们把月度、季度和半年度都称为中期）。当然，为了生产经营需要，有的企业也会要求财务人员提供日报和周报信息。现在的问题是，我们日常用到的会计期间实际上都是按年月日的时间概念划分的，这种划分便于理解，但往往与企业的生产经营周期脱节，很多企业的经营周期带有明显的季节性特点，比如百货零售业每年 6 月、7 月、8 月三个月通常是淡季，1 月、2 月和 12 月通常是旺季。旺季本来工作就忙，又是年底还要出报告，无形中影响了会计信息质量。企业想了解淡旺季的经营业绩还要自己划分经营周期，由此产生的财务信息缺乏可比性和相关性，不利于信息使用者做决策。所以说会计分期有利有弊，财务人员要灵活对待，必要时可以自己划分出适合企业经营管理需要的会计期间。

4. 货币计量

和秦始皇统一度量衡一样，货币计量是会计主体在进行会计确认、计量和报告时都以货币为计量单位，以货币价值的大小反映企业的生产经营活动。很多人说会计是管钱的，这当然是一种误解，大多数财务人员从事的岗位根本接触不到钱，但他们的确都以货币为计量单位进行会计核算。因为货币是商品的一般等价物，可以衡量商品的价值。很难想象不用货币计量的财务报表怎么编制，光是存货的计量单位可能就有几十种，一张表都写不下。

凡事都有利有弊，很多经营成果是难以用货币计量的，比如市场占有率、人力资源的储备、品牌的影响力等，这些都是很重要的经营信息。对财务人员来说，学会用货币计量不难，难的是把那些非财务信息用非货币计量的方式有效地表述出来。

三　会计信息质量要求

并非所有的会计信息都是决策者所需要的，我们提供的会计信息也要讲求质量。通常来说，会计信息的质量高低主要体现在财务报告上。准则规定对会计信息的质量要求主要体现在可靠性和相关性，可理解性，可比性，实质重于形式，重要性，谨慎性和及时性等方面。

1. 可靠性和相关性

可靠性和相关性是会计信息的两大质量特征。可靠性要求财务人员以真实发生的交易或事项为依据进行会计核算，不得虚构，也不能提前或推迟确认。可靠性要求提供的信息客观公正，披露的信息要充分，不能少报或漏报。有一点矛盾的是相关性要求企业提供有助于投资者进行决策分析的会计信息，这就要求财务人员要从报表使用者的角度出发，提供与决策相关的财务信息，这就必然要从主观判断出发，不可能完全做到客观公正。所以在相关性和可靠性之间财务人员要做一个权衡：过分强调相关性可能会影响会计信息质量，而强调可靠性又会显得有些保守，无法提供让投资者满意的会计信息。

在进行日常业务处理时，我们常会遇到可靠性与相关性之间权衡的例子。比如过去准则往往要求资产以历史成本计价，因为历史成本可以通过发票收据等外部资料证明成本的可靠性。现在对一些金融资产会要求使用公允价值计量（例如持有的上市公司股票），因为大家都知道金融资产一般不会以历史成本收回，以公允价值计量更能体现资产的真实价值，更有利于投资者做出合理判断。

2. 可理解性

可理解性主要是针对投资者等报告使用人而言的，它要求我们提供的会计信息清晰、明了、易懂。可理解性也体现在会计报表附注的编制上（会计报表有固定的格式，不存在是否理解的问题）。我们在报表附注中经常会看到这样的文字说明："货币资金期末余额较期初余额上升72%，主要系本期末银行存款增加所致。"银行存款是货币资金的主要组成部分，货币资金增加了，银行存款当然增加，这种说明等于没说。货币资金增加可能是多方面因素导致的，可能是本期改变了应收款回收政策，加强了应收款的回款力度，也可能是本期有一笔大额投资到期收回。总之提供的信息要有用并易于理解才行。

3. 可比性

可比性有两层含义，一方面，同一个企业不同时期可比，只有不同时期的信息可比，报告使用者才能评价过去，分析未来。准则要求企业执行的会计政策要保持一贯性，不得随意变更，就是为了具有可比性。另一方面，不同企业相互之间也要可比，为了方便投资者分析比较，准则要求不同的企业采用相对统一的会计政策，让企业之间相互可比。20世纪末财务工作者不仅要学习企业会计准则，还要学习各种行业的企业会计制度，什么工业会计制度、商业会计制度、银行会计制度，甚至还有粮食企业会计制度。各行各业的会计制度虽然大同小异，但总带有行业特色，报出的报表格式也是五花八门，不利于企业之间的信息比较。后来这些行业会计制度渐渐退出了历史舞台，到2007年新企业会计准则正式在所有上市公司执行，进而推广到所有大中企业（小企业执行小企业会计准则），彻底解决了不同企业之间信息不可比的问题。

4. 实质重于形式

实质重于形式原则是财务的专业术语，被广泛用于财务核算之中，但这个原则也是财务基础概念里比较难掌握的，能熟练掌握的人都可以被称为“财务高手”。因为这个原则的运用基于我们日常工作中的职业判断能力，也基于工作经验的积累程度。比如我们经常提到的融资租赁，形式上是租赁行为，法律上双方签订的也是租赁合同，但实质上企业的目的是为了融资，所以到会计处理时要按投融资行为进行处理。

我曾见过某公司的一笔业务毛利率高达50%以上，明显与市场行情不符。通过了解，发现主要原料的成本没有配比结转，而相关会计人员的理由竟然是没有收到该批原料发票，所以无法入账结转成本！人们经常说会计工作做久了，思维会僵化。工作中，老会计们会犯一些形式主义的错误，而自己却认为在按制度办事。以上这个例子违反了会计的配比原则，实际上也违反了实质重于形式的原则。

所以说实质重于形式原则是会计核算中一项非常重要的原则，这项原则规定“企业应当按照交易或事项的经济实质进行会计确认、计量和报告，不仅仅按照它们的法律形式进行会计核算”。会计信息要真实反映交易或事项，就必须根据其实质和经济现实，而不能仅根据法律形式核算和反映。对财务人员来说，在市场经济的大环境下，每天都会有新的业务形式出现，这时候以往的经验无法借鉴，书本上找不到可学习的现成的知识，我们就要用到实质重于形式的原则，利用自己的专业判断能力，注重经济实质进行会计核算，以保证会计信息的可靠性。这个原则在会计处理中应用非常广泛，会涉及会计处理的每一个环节。

以下几个环节就用到了这个原则。

（1）销售收入的确认

很多财务人员习惯按形式确认收入而不注重交易的实质，要想让他们确认收入，必须材料齐全，即合同、发票、发货单之类的单据都具备才行。实质上收入的确认不在于单据是否齐全，关键是商品所有权的主要风险和报酬是否转移给了购货方。如果风险和报酬没有转移，即使钱收到了也不能确认收入；如果风险和报酬已经转移，即使没开发票也应确认收入。

（2）售后回购

售后回购到底是销售行为还是融资行为，关键要看合同条款，如果卖方承诺在销售商品后的一定时期内回购，并且回购价已在合同中明确标明，则不应该确认收入，因为实质上这是销售方的一种融资行为。销售价与回购价的差额就是融资的成本，应计入财务费用。

（3）融资租赁固定资产

与传统租赁不同，融资租赁是指实质上已转移与资产所有权有关全部风险和报酬的租赁，以承租人占用融资成本的时间计算租金，而传统租赁以承租人租赁使用物件的时间计算租金。所以虽然都是租赁，前者是一种融资行为，后者是财产租赁行为。

（4）合并会计报表

一般情况下，我们判断子公司是否纳入合并会计报表要看母公司是否能实际控制子公司，比如直接或间接控股 51% 以上。但这只是形式，我们确定合并范围时要综合考虑所有相关因素，比如投资者相互之间的关系、公司的治理结构、潜在表决权等。只要有证据能表明母公司不能控制子公司，即使控股 51% 也不能纳入合并范围。如果有协议证明母公司可以通过其他方式对被投资单位的财务和经营政策实施控制，即使持股比例在 50% 以下也应纳入合并范围。

（5）关联方关系和关联方交易

从法律形式上看，关联方交易和普通交易没有什么不同，但从交易实质上看，明显转移利润的关联方交易就不能随意确认。同理，确认关联方关系也要经常用到实质重于形式原则，比如某人对两家企业没有直接的投资关系，但因为某些原因能够对这两家企业施加重大影响，则可将这两家企业视为关联方。

5. 重要性

我们都知道重要的交易或事项要单独确认和披露，但不是说不重要的就可以不处理或不披露了，对于财务人员来说只要是与企业经营相关的事项都要如实披露，重要的单独处理，不重要的可以合并处理、披露。

那么什么样的信息是重要的？准则给出的答案是“财务报告中提供的会计信息的省略或者错报，会影响投资者、使用者据此做出决策的，该信息就具有重要性”。实际上这句话的意义不大，我们怎么知道投资者是怎么想的？最后还是要依靠财务人员的职业判断。一般来说金额大的就重要，较小的就不那么重要，可以合并处理。这一点在资产负债表的存货项目上表现得最明显。存货项目由原材料、低值易耗品、库存商品、委托加工物资、在产品等多个会计科目组成，对于财务人员来说这几个会计科目有很大区别，对投资者来说区别则不大，所以可以合并列报。低值易耗品摊销方法也体现了重要性原则，分为一次摊销法、分次摊销法和五五摊销法三种，一般来说我们都会选择一次摊销法，因为低值易耗品金额较小，为了处理方便，购进时视同一次领取直接摊销。

不是所有的项目都可以依据金额大小判断重要与否，有时还要看项目的性质。比如固定资产项目，有的固定资产金额很大，动辄上百万元，也有固定资产可能就是一台电脑，不过几千元，但我们在核算固定资产时不论金额大小都要一视同仁，购进时要判断受益期划分固定资产使用年限，进行折旧分摊；使用时要给所有的固定资产建立单独的卡片，专项管理；处置时要打申请报告，有固定的审批流程。同样都是资产，固定资产的管理就明显比低值易耗品复杂得多，这里与金额大小有关，同时也是由项目性质决定的。

实务中我们会经常用到重要性原则，比如在会计报表附注中我们会说：“截至 2015 年 12 月 31 日，本公司无须披露的重大承诺事项及或有事项。”这句话的潜台词是：“本公司不是没有承诺事项及或有事项，只是依据财务人员判断事项不重要或非重大事项，所以无须披露。”还有人会问到一些很细节的问题：公司请专家给员工培训，事后请专家吃了顿饭，这饭钱是培训费还是招待费呢？其实请吃饭一般都算作招待费，但站在老板们的角度，请专家吃饭是与培训相关的必要开支，没有培训就不可能有这笔开支，所以算培训费也不能算错。我的意见是可以依据重要性原则，餐费较大，累计上万了，当然算招待费；餐费很小，几十上百的，放哪个科目都无所谓。

6. 谨慎性

准则要求我们对交易或事项进行会计确认、计量和报告时应保持应有的谨慎，不应高估资金或收益、低估负债或费用。因为有了谨慎性原则，准则才要求对几乎所有资产都要计提资产减值准备（只有货币资产和以公允价值计量的资产不用计提减值准备）。而且固定资产、无形资产等非流动资产项目的减值准备一经计提，便不能转回（防止利用计提减值准备调节利润），这些都是谨慎性原则的体现。

有人说会计工作干久了都比较谨慎，这是由工作性质决定的。我们常年与数字打交道，干的是核算记录的活，但我们要核算与记录的事项都有很大的不确定性，很难准确无误地计量。文字可以模糊描述，数字就必须准确量化。比如，业务人员可以说这笔应收款估计能收回来，财务人员就要判断钱到底能否收回来，收回来的概率有多大？这时财务人员能得到的信息是有限的，有很多不确定因素，一旦做出判断就要承担相应责任。所以保持必要的谨慎对自己也是一种保护。

财务人员保持必要的谨慎当然没错，但过度谨慎也会使信息质量失真。最明显的就是过度使用历史成本计量，尤其是对房产的计量。有的公司有大量的投资性房地产，准则也允许用公允价值计量，但很少有公司主动这么做，明明房产升值了十几倍，原值还是十几年前的购买价，经过折旧摊销，净值可能还不到市价的二十分之一，严重影响了投资者对企业价值的判断。

7. 及时性

信息都有时效性，财务信息的目的是为投资者做决策服务，时效性更加明显。及时性要求我们对已发生的交易或事项及时确认、计量和报告，便于投资者及时使用和做出决策。问题是财务人员往往很难做到这一点，一笔交易的确认有固定的流程，要经过一系列的复核和审批，要收集各种原始单据，还要经过会计处理，最后形成有效信息传递上去必然会影响到时效性。现在上市公司年报要求最迟在每年的 4 月 30 号之前上报，从元月 1 号到 4 月 30 号整整间隔了 120 天之久，这样的年报信息很难说及时性有多强（所以才有了业绩快报的披露要求）。对于财务人员来说，要想及时传递信息，最好的办法就是对信息传递的流程进行优化，让业务信息流与财务信息流无缝对接，要在信息化建设上多下功夫。

四 会计六大要素

财会新手入门首先要记牢会计的六大要素：资产、负债、所有者权益、收入、费用和利润，前三项反映了企业的财务状况，后三项反映了企业的经营状况。所谓会计要素就是把会计的核算对象进行归类，因为不同的会计要素核算方法也会有所区别，区分会计要素是我们进行会计核算、编制财务报表的基础。

1. 资产

（1）资产的定义

资产是企业过去的交易或者事项形成的、由企业拥有或者控制的、预期会给企业带来经济利益的资源。“资产是企业过去的交易或者事项形成的”，其实不仅是资产，财务人员确认的所有会计要素都是过去形成的，预测未来、分析发展趋势都只能在文字报告里出现。“由企业拥有或者控制的”，通常情况下只要企业拥有所有权就可以确认为企业的资产，但也有一些企业资产，企业对其仅有控制权而没有所有权，因为这些资产同样可以为企业带来经济利益。比如大型商场里的受托代销商品，供应商把商品交给商场寄售，商场对商品没有所有权，但有一定的控制权；以融资租赁方式租入的机器设备因为租赁期够长，也应视为企业资产。“预期会给企业带来经济利益的资源”，反之，不能给企业带来经济利益的就不能视为资产，比如待摊费用、待处理财产损失等，前者是已开支、未摊销的费用，后者是已发生、还没来得及处理的损失，都不能给企业带来经济利益，所以不能确认为资产。其实不是所有的费用都不能被视为资产，最有代表性的就是长期待摊费用。与待摊费用类似（区别是前者在一年以上摊销，后者在一年以内摊销），明明是费用却被视为资产项目。这么做的主要原因有两个：一、长期待摊费用包括的固定资产改建支出、修理支出等，能提高资产的可利用性，符合资产的定义；二、长期待摊费用的金额通常较大，一次性摊销对当期损益的影响较大。

（2）资产的确认和计量

资产的确认有两个重要条件，一是看它是否为会计主体所持有，二是看它是否能创造价值。概念我们都明白，但在实际运用中我们往往会忽视第二条。这一条将待摊费用、待处理财产损益等这些无实际价值的虚拟资产排除在资产负债表之外。以前财务在调节利润时，这三个科目是经常用到的，有损失，挂起来！挂在哪？挂待处理呀！现在准则不允许了，但这种行为还是存在的，只是有了变化，待摊费用变成其他应收款或者其他流动资产，待处理财产损益不许用了，那就干脆不处理了。

能够可靠计量是所有会计要素确认的前提条件，有的资产因为无法计量就不能被确认为资产，比如企业的品牌、技术骨干的技术支持、管理团队的能力等等。虽然它们有价值，但到底值多少谁也说不清，所以在报表中就看不到它。确认资产还有个条件是它能够给企业带来利益，对生产经营有益。这两个条件必须同时满足，缺一不可。

说到这里我想起了网上曾流行的一个段子："今天，财神庙的会计跟福州客户的财务总监吵了一架：客户在厂区内建了一座财神庙，记入在固定资产核算。客户坚持认为财神爷的保佑对生产起到重大作用，折旧应该记入生产成本中；审计经理坚持认为财神庙只是为了满足员工日益增长的精神文化需求，所以要归类为管理费用。两人争论了一上午都还没结果……"从财务人员的角度看，这个段子说的是财神庙这笔支出，应该资本化还是费用化的问题。

客户认为财神庙属于固定资产，可实际上财神庙的支出虽然可以计量，但建财神庙显然与生产经营无关，不能为企业带来直接的经济利益（我国的寺庙都是民间非营利组织，执行的是《民间非营利组织会计制度》），显然不符合资产的确认条件。但审计经理说的管理费用也值得商榷，管理费用是指企业行政管理部门为组织和管理生产经营活动而发生的各项费用。建财神庙显然也与组织和管理生产经营活动没什么关系。我个人认为企业建财神庙也好，对寺庙进行捐赠也好，都与生产经营无关，应计入营业外支出的捐赠支出项目。因为营业外支出专门记录企业发生的与其日常活动无直接关系的各项支出或损失。当然这笔支出不大可能得到税务部门的认可，是要税前扣除的。

2. 负债

负债是指企业过去的交易或者事项形成的、预期会导致经济利益流出企业的现时义务。从定义上看，负债就像是资产的反义词，前者会导致经济利益流出企业，后者会导致经济利益流入企业。享受了权利就要承担一定义务，负债的产生都与在企业过去的某项交易或事项中获得的某项资源或服务有关。比如企业有长短期借款要偿还，是因为之前从银行借入一笔资金；企业有应付账款要付，是因为企业从供应商那里购买过原材料或接受过劳务供应；企业有应付职工薪酬，是因为员工为企业做出了贡献应得到报酬。所以要判断一项负债是否应被确认，关键要看企业之前得到过什么。

和待摊费用科目因不符合资产定义被取消一样，预提费用也因不符合负债的定义被取消了。预提费用是指企业按规定预先提取但尚未实际支付的各项费用。由于是未来发生的费用，显然不符合负债定义中“企业过去的交易或者事项形成的”的条件。因同样原因受影响的还有应付福利费科目，现行准则取消了过去职工福利费按工资总额14%计提的要求，因为这样计提的福利费并没有相关的交易或事项支撑，也没有明确的指向，很多企业提而不用成了秘密储备。

不符合定义是一回事，现实需要又是一回事。对很多制造企业来说，机器设备大修理费用总是客观存在的，按月预提、集中支付遵循的也是权责发生制原则。所以预提费用在部分企业仍然继续使用，只不过在报表中被放到其他应付款科目列示了。

3. 所有者权益

（1）所有者权益的定义

所有者权益是指企业资产扣除负债后由所有者享有的剩余权益。所有者权益是企业资金的主要来源之一（另一个来源当然是负债），由于投资者不能随意撤资（要撤资需经其他股东同意且程序较复杂），对企业来说股东投入的资本可以说是不设偿还期限的。这也是那么多公司想方设法都要上市的主要原因：可以得到没有使用期限的大额资金，而且资金的使用成本与外部借款成本相比可以忽略不计（过去很多上市公司以扩大生产为借口多年不分红，近年因监管力度加大分红情况有所好转）。

（2）所有者权益的构成

表 1–1

项　目	期末余额	年初余额
实收资本		
资本公积		
减：库存股		
其他综合收益		
盈余公积		
未分配利润		
归属于母公司所有者权益合计		
少数股东权益		
所有者权益合计		

表 1–1 列示了合并报表中的所有者权益部分，主要包括所有者直接投入的资本（实收资本、资本公积），直接计入所有者权益的利得和损失（因拨款转入等原因增加的其他资本公积、反映公允价值变动的其他综合收益），企业通过日常经营活动创造的留存收益（盈余公积、未分配利润），少数股东权益（单体报表中不会出现，反映母公司的控股子公司中少数股东所占的份额）等。

实收资本：又称股本，一般来说实收资本要与工商登记的注册资本一致（如果差额较大，就要到工商部门履行增资或减资的变更手续）。实收资本可以通过投资者直接投入货币资金、实物资产的形式产生，也可由资本公积、盈余公积转增。投资者在所有者权益中占有份额主要通过实收资本体现，所以实收资本对股东具有非常重要的意义，但对非股东来说实收资本的参考意义不大，尤其是很多新设公司，为了显示实力动辄花费千万甚至上亿的注册资本，可公司刚起步根本用不了那么多钱，为了不让资金闲置又要把钱抽回，于是成为空壳公司。所以要判断一家企业的实力，某个时点的孤立数据没有什么意义，有时候查看企业的银行流水单可能更有参考价值。

资本公积：从本质上讲资本公积属于投入资本的范畴——有股东出资大于其在企业注册资本中所拥有份额的数额产生的资本溢价；有政府直接拨款转入的财政补助；有关联交易产生的交易差价（可以视为大股东对企业的捐赠）；等等。表面上看实收资本与资本公积没有什么不同，都是股东投入资本产生的。但前者的增减变动关系到股东权益比例的变动，而后者不受这方面的影响。

库存股：库存股是指股份有限公司已发行的股票，由公司通过购入等方式重新获得，可供再行出售或注销之用的股票。库存股实际上是所有者权益项目的备抵科目，企业回购自己发行的股票有点减资的意思，与减资不同的是，回购的库存股一般不会立即注销，而是像库存商品一样放在账上，未来企业可能向市场再次出售（这也是控制股价的一种方式），也可能用于对员工的激励。由于库存股有内幕交易的可能，滥用库存股会增加市场操纵的风险，制度实行起来存在很多障碍，国内实施库存股制度的上市公司并不多见。

其他综合收益：这是近几年新出现的科目，主要反映未在损益中确认的各项利得和损失（当然要扣除所得税）。未在损益中确认是因为这些利得和损失与正常的生产经营活动无关，其他综合收益变动主要与以公允价值计量的资产变动有关，比如持有的上市公司股票市值发生变动，以公允价值计量的投资性房地产价值发生变动等。

盈余公积：指企业从税后利润中提取形成的、留存于企业内部、具有特定用途的收益积累。现在的盈余公积分为法定盈余公积和任意盈余公积（过去还有专门用于企业职工福利设施支出的公益金，由于计划经济色彩过重已经被取消了）。法定盈余公积按照规定比例 10% 从当期净利润中提取，累计提取额达到注册资本的 50% 时可以不再提取。任意盈余公积不受限，由公司自行决定提取比例（所以基本上没人提取）。

设立盈余公积的本意是限制股东分配利润，把一部分经营所得留下来用于扩大再生产。这显然不符合市场经济的原则，如果扩大再生产能够赚到更多的钱，即使法律不做要求企业也会保留利润，甚至投入更多的资本。如果扩大再生产无利可图，强制要求企业留存收益就是浪费了。

未分配利润：顾名思义，未分配利润就是企业经营实现利润经过弥补亏损、提取盈余公积和向投资者分配利润后留存在企业的、历年结存的没有分配的利润。理论上说，企业对于未分配利润的使用有较大的自主权，因为盈余公积是法定要求提取，不能随意分配的，未分配利润没有这方面的限制，可以随时分配。

对财务人员来说未分配利润是一个特殊的存在，它是唯一一个在三张会计报表——资产负债表、利润分配表、所有者权益变动表中同时出现的会计科目。这个科目都叫未分配利润，在不同表中含义还是有区别的。资产负债表中的未分配利润是时点数，告诉我们在某一个时点（月末、季末或年末）未分配利润累计金额的大小；利润分配表中的未分配利润是期间数，告诉我们在某一个时间段（月度、季度或年度）未分配利润的计算过程；所有者权益变动表中的未分配利润反映一定时期内未分配利润的变动情况（可以视为利润分配表的变形，但不如前者直观）。通过一个未分配利润把三张报表联系起来，我们经常说“会计报表要平”，这里的“平”不仅要求资产 = 负债 + 所有者权益，还要求三张表中的未分配利润金额保持一致，这往往是很多初学者会忽视的一点。

4. 收入

（1）收入的定义

收入是指企业在日常活动中形成的、会导致所有者权益增加的、与所有者投入资本无关的经济利益的总流入。在非财务人员眼中，收入的范围比定义中要大得多，在银行的存款收获的利息（财务费用——利息收入），出售自用的机器设备获得的现金（营业外收入——非流动资产处置利得），政府给予的税收返还（营业外收入——政府补贴），所持股票的分红（投资收益），所持股票或房产的升值（公允价值变动收益），等等。可在我们财务人员看来，上述情况都属于利得，不属于收入。区分是收入还是利得，关键要看其是不是与经营目标相关的经常性活动，会计学中的收入是由为完成经营目标而从事的经常性活动引起的（计入主营业务收入或者其他业务收入），而利得是由非日常活动引起的，通常与经营范围没有直接关系（计入营业外收入、财务费用、投资收益、公允价值变动收益、资本公积、其他综合收益等）。

其实有些收入和利得的界限是模糊的，比如国家为支持新能源汽车产业的发展，会给生产厂商发放一定的补贴，每生产一辆新能源汽车发放1万元的补贴之类。从字面理解，这种政府补贴当然应计入营业外收入——政府补贴科目，但实质上这类补贴与企业的生产经营直接相关（不给补贴就不会生产），也是经常性的项目，从实质重于形式的角度应计入主营业务收入（如果计入营业外收入会影响毛利的计算，让人误以为企业宁可赔钱也要生产）。

（2）收入的确认

什么时候确认收入、确认多少金额其实是个技术活，因为大部分的假账都与收入有关。收入增长快、金额大，说明企业发展势头好、实力强，收入还是利润的主要来源，计算利润首先要从收入开始。收入也会影响资产，有收入就会有应收账款。所以说，如果收入确认是准确的，那财务报表基本上就是可靠的。当然，做假的总是少数人，还有些财务人员主观上没有想去做假，但收入确认得仍不准确。那么销售收入的确认条件有哪些呢？

1）企业已将商品所有权方面的主要风险和报酬全部转移给购买方

风险主要指商品因减值或损坏等原因造成的损失；报酬是指商品价

值增值或使用、出售商品带来的经济利益。如果一项商品发生的任何损失均不需要本企业承担，带来的经济利益也不归本企业所有，则意味着该商品所有权上的风险和报酬已转移给购买方。理论上，我们强调在将商品所有权上的主要风险和报酬转移给购买方时，要确认销售商品收入，但实务操作中有时却难以判断。有些企业为了上市融资有意伪造收入，大量对外发货，声称商品所有权已转移了。仅凭发货当然不能确认收入（那叫发出商品，还是存货，只是存放地点不同）。实务中能否确认收入关键还要看合同，销售方和购买方根据合同条款履行合同中约定的义务，达到一定条件就可以确认收入。

2014 年 5 月，国际会计准则理事会和美国财务会计准则委员会联合发布了《国际财务报告准则第 15 号——与客户之间的合同产生的收入》，以控制权转移替代风险报酬转移作为收入确认时点的判断标准，而控制权是否转移都是围绕合同履行展开的。

2）企业既没有保留通常与所有权相联系的继续管理权，也没有对已售出商品实施控制。

最明显的就是售后回租形式的融资租赁。企业把正在使用的房产卖出去收回价款，以解决急需的资金（也可能是为了调节利润），然后又将固定资产租回来继续使用，实际上在此过程中固定资产并没有离开原企业，保留了与商品所有权相联系的继续管理权，说明交易没有完成，销售不能成立。

3）收入的金额能够可靠地计量。

企业在销售商品时，售价通常已经确定。但也有些不确定因素会导致售价无法确定，比如商业折扣、折让没有谈妥等。在新的售价未确定之前，即使款项已经收到，也不能确认收入，而应将实际收到的款项作为预收账款处理。

4）相关的经济利益很可能流入企业。

指销售商品价款收回的可能性大于不能收回的可能性，即收回的可能性超过 50%。企业在发出商品后可以凭经验判断买方经营出了问题，可能会导致未来无法收到货款，所以不能确认收入。事实上卖方主动不确认收入的情况很少发生，因为判断买方经营出现问题需要很多证据（企业的业务员更需要解释为什么买方经营出了问题还要与其交易），时间跨度比较长，这时企业的会计早就把收入给确定下来了。更多出现的情况是企业明知货款回收可能有问题，但还是继续确认收入，挂应收账款。期末或主动或被动（审计要求）对该笔应收单项计提减值准备。

5）相关的已发生或将发生的成本能够可靠地计量。

不能可靠计量成本说明收入成本无法配比，只有收入没有成本，或是只有少量成本会导致利润虚高。因此，如果成本不能可靠地计量，即使其他条件均已满足，相关的收入也不能确认，如已收到价款，则应被确认为一项负债。

5. 费用

（1）费用的确认

费用是指企业在日常活动中发生的、会导致所有者权益减少的、与向所有者分配利润无关的经济利益的总流出。“在日常活动中发生的”目的是与非日常活动形成的利益流出区分开，比如对外捐赠、罚款等营业外支出属于损失，不能计入费用。“会导致所有者权益减少的”指流出的钱就收不回来了，能收回的钱——比如对外借款就只能挂其他应收款、委托贷款等科目。“与向所有者分配利润无关”对应的是与所有者分配利润有关的流出，比如对投资者分配的红利只能减少所有者权益。

（2）费用与成本的区别

费用与成本都是企业为达到生产经营目的而发生的支出。不同的是成本是有一定指向的，我们提到成本时都有一个核算对象——某套房产的成本，某个产品的成本，某项工程的成本，等等。一项成本会包含多项费用，可以说成本是按一定对象所归集的费用，是对象化了的费用。从时效上看，成本的结转要遵循配比原则，收入实现、产品风险转移时成本才能结转。而费用更注重时效性，一般情况下只要发生就应计入当期。

区分费用成本是财务工作中需要特别注意的事：有人会把成本当成费用，即没有遵循配比原则，收入还没有确认就把产品的成本提前结转了；也有人会把费用当成本，明明是业务招待费却归集到产品成本里推迟确认。其实区别成本与费用并不难，原则上只要是为生产某项产品发生的费用都可以归集为产品的成本，有直接关系的是产品的直接成本，有间接关系的是产品的间接成本（比如一台机器同时生产几种产品，产生的费用就要分摊到相关的产品成本里），没有直接、间接关系的就是费用（销售人员和管理人员不直接参与生产活动，所发生的费用一般都是期间费用）。

6. 利润

（1）利润的定义

利润是指企业在一定会计期间内的经营成果。这个经营成果可能是正的，也可能是负的——即亏损。利润是体现企业盈利能力的主要指标，也是报告使用者进行决策时的重要参考指标。

（2）利润的来源与计算过程

其实一张损益表足以体现利润的来源与计算过程了。先是通过收入减去成本，计算毛利（也可以扣除相关税费），毛利再减去期间费用和相关减值损失就可以计算出营业利润（不包括投资收益），反映的是企业日常活动的经营业绩。还有些利润是非日常活动获得的，它们可能是利得，也可能是损失，即前面提到的投资收益、公允价值变动收益、营业外收入、营业外支出等，把这些利得或损失包括进来就可以计算出利润总额，也叫税前利润，最后减去企业所得税，从而计算出净利润（即税后利润）。

7. 几个重要会计科目——存货、成本、费用

曾有人问，财务的三张主表哪个科目最重要？我个人认为这是个没有标准答案的问题，因为报表是为使用者服务的，使用者身份各异，目的不同，当然关注点就不一样。债权人，比如银行要放债就要考虑回款问题，当然就关心企业的偿债能力，进而关心企业的流动性，以及与资产负债率相关的几个科目。而普通投资者关心的是企业的赢利能力，当然最关心企业的净利润以及净利润的增长情况。而专业的投资者不可能只相信单一的财务指标，他们更关注企业的成长性，关注报表背后的东西。那么审计人员最关注什么？他们关注最多的，还是这三个科目：存货、成本和费用。因为如果一家公司可能存在舞弊行为，这三个科目是最可能被用到的。支出可以当期费用化，也可能为了调增利润而资本化，

资本化到存货是不容易被发现的。我们都知道制造费用应该被分摊进产成品价值里，而制造费用与管理费用、销售费用中的明细科目是有重叠的，比如水电费、人工费、差旅费、办公费等等，这些明细科目概念是相同的，只是使用人不同而被财务人员区分开了。

存货和成本的关系也是一样。存货也能由于种种原因被多结转或者少结转，进而影响到当期主营业务成本的发生额。想发现这类问题也很简单，只需关注财务处理是否遵循收入与费用配比原则，有收入就一定要有与之相对的成本相配比；同理，当期发生费用也要与当期的收入配比，不能跨期反映。放到实务中，审计手段也是配比，本期与上期比，甚至连续几年同比，把本期与上期的毛利率进行比较，把本期与上期的同类型费用明细进行比较；有大额增减且不能说明原因的，就可能存在问题。

有人可能会认为收入也是舞弊行为高发区，但我反而认为收入相对来说最容易确认，关键点还是在于存货。产品有没有发出？服务有没有提供？风险有没有转移？如果答案是肯定的，那就确认；若答案是否定的，就不能确认。至于有没有开票，有没有签订合同，都是次要的。

第2部分

财务报表

表格和数字组成的企业心电图，
你必须看得懂企业想说什么，
没说什么

第 4 章　财务报表是什么

综合描述企业活动的大账本

财务报表是财务人员按照会计准则要求编制出来，反映会计主体财务状况和经营情况的报表。财务报表是怎么来的？企业每天的经营活动需要专人记录，会计就是负责记账的。一年下来，有点规模的企业会有成千上万笔会计分录，几十乃至上百本会计账簿，年底向老板汇报工作总不能把这些凭证账簿都带上吧。财务报表就是把这一年记账的结果做一个综合性的描述。为什么用表格的形式而不是文字？因为要规范呀！前面说过，会计是一门语言，是语言就要有规则，财务报告只有文字没有报表就好比普通话变成了方言，要知道财务报表的使用对象不止一个人，而是大大小小的股东、债权人、工商税务之类的政府机关以及各方面关心企业的人士，对这些来自四面八方的人来说，你用“方言”没人能听得懂！当然，我也见过有的老板要求手下会计按自己的习惯编制报表，这属于私人定制，不在本书讨论范围。

正常情况下财务报表的格式和项目是固定的。一套完整的财务报表就是我们通常说的“四表一注”，即资产负债表、利润表、现金流量表、所有者权益变动表和报表附注。这四张表最先出现的是现金流量表，当然不是我们现在这种格式，以前叫现金流水账。我们举个例子，假设有位李老板租了一家饭店，经过一年的经营，年底会计向老板汇报饭店盈亏状况，本金 10 万元（期初现金及现金等价物余额），购买食材及支付房租 60 万元（购买商品、接受劳务支付的现金），支付人工 20 万元（支付给员工的薪酬），交税 10 万元（支付的各项税费），其他杂项如保护费之类 5 万（支付其他与经营活动有关的现金），一共支出 95 万元（经营活动现金流出）。收到饭钱 100 万元（销售商品、提供劳务收到的现金），饭店按时纳税政府奖励 1 万元（收到的税费返还），客人打碎碗筷赔了 0.1 万元（收到其他与经营活动有关的现金），一共收入 101.1 万元（经营活动现金流入），以收抵支，赚了 6.1 万元（经营活动产生的现金流量净额），加上本金年底还剩 16.1 万元（期末现金及现金等价物余额）。所以说现金流量表本质上就是一本汇总的现金流水账。

后来李老板的生意越做越好，花 100 万元把饭店买下来了（固定资产）。可是他的本金只有 30 万元（股本），又从银行贷款 50 万元（短期借款），找亲戚朋友借了 20 万元（其他应付款）。为了把生意扩大，以前是现金交易，现在对老客户可以先记账，年底一块结（应收账款），进货量大，话语权也就大了，以前是钱货两清，现在进货的菜钱也可以先欠后结（应付账款）。到了年底会计再把一本现金流水账拿出来，李老板就不满意了，他想知道到年末为止，手上掌握了多少资产（资产总额），在外面欠了多少钱（负债总额），几年下来连本带利自己一共有多少钱（所有者权益），这就需要编制一张资产负债表。资产负债表反映的是某一个时点企业的财务状况。

那么利润表呢？利润表反映了企业在一段时间内的经营成果，花 100 万元换回来的饭店的房产，在现金流量表中现金是支付出去了（购建固定资产支付的现金），但在利润表中赚的钱还在。现金流量表与利润表反映的都是一定时期的财务信息，不同的是前者是以收付实现制为基础编制的，后者是以权责发生制为基础编制的。

所有者权益变动表可以说是资产负债表的附表，反映资产负债表中所有者权益部分从期初到期末的变动情况。财务报表附注是财务人员为了方便报表使用者理解财务报表的内容而做出的补充说明。虽说是补充，但附注里的信息还是很有价值的。近年来各方面对报表附注重视程度都加大了，尤其对上市公司，年报中披露的内容越来越多，也越来越具有可看性了。

第 5 章　编制财务报表的原则

遵循原则，尊重数据，是财务人的基本素质

财务报表的数据来源于会计账簿，但编制报表并不是把当期的科目余额简单地在报表上一抄了事，还要有一个重新排列组合的过程，大体上要遵循以下几个原则。

一　重要性原则

表格编制人员要判断区分哪些项目重要或不重要，比如其他流动资产、其他流动负债、其他非流动资产、其他非流动负债，这四个科目专门把不重要的资产负债按流动性合并在一起列报。

二　属性原则

性质类似的会计科目可以放到一起列报，比如存货就包括了原材料、在产品、库存商品、低值易耗品等项目，营业收入也包括了主营业务收入和其他业务收入。需要注意的是属性或功能有本质区别的必须分别列报，工程物资是指用于固定资产建造的建筑材料，而存货是生产经营中出售或耗用的材料，两者属性完全不同，所以必须分别列报。利润表中的营业外收入也是如此，它与企业的日常经营没有直接关系且不具有可持续性，也只能单独列报。

三　抵销原则

有些项目不能抵销，比如收入和成本费用。如果都抵销了，利润表只要列示一个项目——净利润就可以了。不同客户之间的往来款也不能抵销，应收 A 客户 100 万元，应付 B 客户 80 万元，这两个数字就不能相互抵销，因为不同客户的经营风险是不同的，如果抵销，某些风险就会被掩盖。一般来说同一客户的应收款、应付款可以相互抵销，但也不是绝对的，比如公司应收 A 客户 100 万元设备款，同时欠 A 客户 70 万元材料款，正常情况下当然可以抵销列报，但由于销售给 A 客户的设备出现了质量问题，对方要求退货，目前双方正在协商。这 100 万元的应收款有可能无法确认，也就不能与应付的材料款相抵销。

四　净额列报原则

资产负债表中的应收账款、其他应收款、无形资产、固定资产等项目都是按净额列报的，比如固定资产，原值扣去累计折旧和固定资产减值准备之后，才是报表中列示的固定资产净额。准则的本意是累计折旧和减值准备都是减值损失，不属于资产项目，所以不能单独列示。

五 对比列报原则

资产负债表项目有期初数字，就一定要有期末数字。利润表、现金流量表项目有当期数字就要同时列报上期数字。目的就是向报表使用人提供对比数据，通过对比看差别、看趋势，为使用者做出决策和判断提供更多的信息。

为了提高信息的可比性，保证前后口径一致，准则会要求企业对当期的报表数字进行重大调整时，对上期报表数字也要同口径调整（只调表不调账）。最明显的例子就是同一控制下的企业的合并：A 公司的母公司在 2015 年年初把其控制的 B 公司出售给 A 公司，使其 2015 年合并后营业收入由 1 000 万元变成了 1 500 万元，这种增长实际是同一母公司控制下重组合并实现的，不是真正的经营性增长，所以为了还原事情的真实面目，要把 A 公司 2014 年的营业收入同口径调整，即在 A 公司 2015 年的合并报表上期收入中加上 B 公司 2014 年的收入，使本期发生数和上期发生数具有可比性。

第 6 章　资产负债表

企业财务状况的晴雨表

一　基本概念

资产负债表又叫财务状况表，反映企业在某一个时点的财务状况。资产负债表的编制原理是基于会计恒等式：资产 = 负债 + 所有者权益。报表的左边列示会计主体掌握的资产，右边列示会计主体承担的负债及股东权益。当然，这仅仅是理论上的说法，有些情况下资产负债表不能把企业控制的所有资产都列示在报表上。举个例子，前段时间我打算买房，怕到时钱不够用就找一家商业银行签了份个人信用贷款协议，这家银行通过对我个人的信用评级给了我 50 万的信用额度，在未来三年内在我需要用钱的时候，不需要办任何手续随时可以拿到 50 万以内的现金（当然要按时还本付息），也就是说无论我有没有贷款，无形中我手中掌握的资金已增加了 50 万元。个人是这样，企业也是如此。银行会给那些信用良好的公司一定金额的信用额度，企业使用的部分当然会反映在会计报表中，没有使用的部分也是企业所掌握的资源，只是没有办法通过会计处理反映到报表里，这算是会计理论跟不上业务实践的一个案例。

二 资产负债表的格式与填报方法

表 2-1 资产负债表

编制单位： 2015 年 12 月 31 日 单位：元

项目	附注	期末余额	期初余额	项目	附注	期末余额	期初余额
流动资产：				流动负债：			
货币资金				短期借款			
以公允价值计量且其变动计入当期损益的金融资产				以公允价值计量且其变动计入当期损益的金融负债			
衍生金融资产				衍生金融负债			
应收票据				应付票据			
应收账款				应付账款			
预付款项				预收款项			
应收利息				应付职工薪酬			
应收股利				应交税费			
其他应收款				应付利息			
存货				应付股利			

（续表）

项目	附注	期末余额	期初余额	项目	附注	期末余额	期初余额
划分为持有待售的资产				其他应付款			
一年内到期的非流动资产				划分为持有待售的负债			
其他流动资产				一年内到期的非流动负债			
流动资产合计				其他流动负债			
非流动资产：				流动负债合计			
可供出售金融资产				非流动负债：			
持有至到期投资				长期借款			
长期应收款				应付债券			
长期股权投资				其中：优先股			
投资性房地产				永续债			
固定资产				长期应付款			
				长期应付职工薪酬			
工程物资				专项应付款			
固定资产清理				预计负债			
生产性生物资产				递延收益			
油气资产				递延所得税负债			

（续表）

项目	附注	期末余额	期初余额	项目	附注	期末余额	期初余额
无形资产				其他非流动负债			
开发支出				非流动负债合计			
商誉				负债合计			
长期待摊费用				所有者权益：			
递延所得税资产				股本			
其他非流动资产				其他权益工具			
非流动资产合计				其中：优先股			
				永续债			
				资本公积			
				减：库存股			
				其他综合收益			
				专项储备			
				盈余公积			
				未分配利润			
				所有者权益合计			
资产总计				负债和所有者权益总计			

法定代表人：　　　　主管会计工作负责人：　　　　会计机构负责人：

一张完整的资产负债表可以按其流动属性分为五部分，流动资产、非流动资产、流动负债、非流动负债和所有者权益。区分流动和非流动性有个通用的标准，即预计从资产负债截止日起一年内是否可以变现，但这种分类并不完全符合实际情况。比如可供出售金融资产项目中包括企业购入的在活跃市场上有报价的股票、债券和基金等，企业持有的上市公司股票也可以列入其中，而上市公司股票是可以随时变现的，虽然其流动性比大多数流动资产都要强，却被划分成非流动资产。非流动负债中的递延收益也有这种情况，递延收益是尚待确认的收入或收益，不符合确认条件的补贴收入都可以放入这个项目里，但很多补贴款的确认期是短于一年的，倒是有不少应付账款的付款期可能超过一年（甚至超过三年未付的应付账款）。所以说资产的流动性、非流动性并非一成不变，随着经营发展的需要资产的流动性会随时发生变化，要详细划分流动性还要从业务实质着手。下面我会按各项目的属性来介绍具体的填报方法。

1. 从总账科目余额中取数直接填报

很多人会认为大部分报表项目与会计科目名称一致，都可以从对应的会计科目余额中直接取数填报就可以了，实际上只有负债类和所有者权益类科目是这样，由于资产类科目一般都有备抵科目，要扣减备抵金额后才可以填报。只有固定资产清理、递延所得税资产等少数几个项目可以从会计科目中直接取数。

2. 多个会计科目汇总填报

货币资产项目填报的是现金、银行存款和其他货币资金三个科目余额的合计数，存货的原值包括库存商品、原材料、生产成本、在产品、周转材料等最终准备出售的材料（不准备出售打算自用的原材料放在工程物资项目中）。

3. 重分类后分析填报

应收账款项目（原值）是会计科目应收账款和预收账款明细账的借方余额合计填报的。同理，其他应收款项目（原值）是会计科目其他应收款和其他应付款明细账的借方余额合计；预付账款项目（原值）是会计科目预付账款和应付账款明细账的借方余额合计；应付账款项目是会计科目应付账款和预付账款明细账的贷方余额合计；预收账款项目是会计科目预收账款和应收账款明细账的贷方余额合计；其他应付款项目是会计科目其他应付款和其他应收款明细账的贷方余额合计。也许有人会问，为什么这六个往来性质的会计科目不在账务处理时做好重分类，非要等到编制报表时才做处理？事实上往来性质的会计科目明细账都是按客商划分的，比如应收账款——A 客户之类。业务刚发生建账时，借：应收账款——A 客户 10 万元，贷：主营业务收入 10 万元，后来 A 客户因为产品畅销，回款时多打了 5 万元作为下次订货的订金，这时不可能为了多出的 5 万元专门建一个预收账款明细账（财务做账都要有原始单据支撑，一张汇款凭证原则上只能附在一张记账凭证之后），于是应收账款——A 客户明细账的期末余额就变成贷方 5 万元。这 5 万元实际上属于预收账款，在报表中要归类到预收账款项目中。

重分类的报表项目不只是往来类项目，还有一年内到期的非流动资产和一年内到期的非流动负债，这两个项目要根据到期时间（从报表截止日起未来一年内）分别从非流动资产和非流动负债的明细科目余额中分析填报。

4. 减去备抵科目后按净值填报

大多数资产类科目都有备抵科目，因为资产（只要以历史成本计价）就有减值的可能，要减值就要计提跌价准备。比如以历史成本计量的金融资产、存货和在建工程等科目，固定资产、无形资产、投资性房地产（历史成本计价）等科目还要先扣减相关累计折旧（摊销）后再扣除减值准备。

只有少数资产类科目如货币资金（事实上银行存款也是投资，放在银行的存款也有无法取回的风险，未来货币资金也可能设立备抵科目）、以公允价值计量的金融资产（因为资产以历史价值计量，所以跌价后要计减值准备，公允价值会根据市价随时调整就无须再提减值）、固定资产清理（过渡型科目）、长期待摊费用（本质上是费用）、递延所得税资产（不是真正意义上的资产）是没有备抵科目的。

5. 综合分析后填报

应收账款、其他应收款和预付账款等项目都要先重分类再扣除备抵科目后填报，存货项目更麻烦一点，要先把属于存货的会计科目（如原材料、在产品、库存商品等）期末余额先汇总起来，再扣除存货跌价准备后填报。有的企业库存商品是按计划成本计量的，还要加减成本差异的金额。

所有项目填完后还要再检查一遍，先检查报表左右是否平衡，即资产 = 负债 + 所有者权益。再将所有项目期末余额与期初余额（通常都是年初数）做一个对比，看看变动幅度大不大，如果变动幅度超过 20%，则应查明原因，可能是业务变动的真实反映，也可能是填报错误。无论是什么原因导致的，都要早做准备，有人问到时就不会手忙脚乱。

第 7 章　利润表

收入 − 成本 − 费用 = 利润

一　什么是利润表

利润表是反映企业在一段时间内经营成果的会计报表，有利润也可能有亏损，所以利润表也被称为损益表。我们可以把利润表当成一个数学公式，即收入 – 成本 – 费用 = 利润，编制利润表就是通过公式计算出利润的过程。

二　格式与填报方法

表 2–2 是一张标准的上市公司利润表模版，通过表格可以看出利润表也是一张计算企业当期收益的过程表，从营业收入开始，先通过加减计算出营业利润，再计算利润总额、净利润，最后到综合收益。下面我来介绍一下企业的当期收益是怎样一步步计算出来的。

表 2–2　利润表

编制单位：　　2015 年度　　单位：元

项目	附注	本期发生额	上期发生额
一、营业收入			
减：营业成本			
营业税金及附加			
销售费用			
管理费用			
财务费用			
资产减值损失			
加：公允价值变动收益（损失以“–”号填列）			
投资收益（损失以“–”号填列）			
其中：对联营企业和合营企业的投资收益			
二、营业利润（亏损以“–”号填列）			
加：营业外收入			
其中：非流动资产处置利得			
减：营业外支出			
其中：非流动资产处置损失			
三、利润总额（亏损总额以“–”号填列）			
减：所得税费用			
四、净利润（净亏损以“–”号填列）			
五、其他综合收益的税后净额			
（一）以后不能重分类进损益的其他综合收益			
1. 重新计量设定受益计划净负债或净资产的变动			
2. 权益法下在被投资单位不能重分类进损益的其他综合收益中享有的份额			

（续表）

项目	附注	本期发生额	上期发生额
（二）以后将重分类进损益的其他综合收益			
1. 权益法下在被投资单位以后将重分类进损益的其他综合收益中享有的份额			
2. 可供出售金融资产公允价值变动损益			
3. 持有至到期投资重分类为可供出售金融资产损益			
4. 现金流量套期损益的有效部分			
5. 外币财务报表折算差额			
6. 其他			
六、综合收益总额			
七、每股收益			
（一）基本每股收益（元 / 股）			
（二）稀释每股收益（元 / 股）			

法定代表人：　　　　主管会计工作负责人：　　　　会计机构负责人：

1. 计算营业利润

这是整个利润表中最重要的一部分，在关心企业发展的人的眼中，营业利润甚至比净利润还重要，因为它代表了企业可持续盈利的能力。营业收入由主营业务收入和其他业务收入两部分组成，同理，营业成本也包括主营业务成本和其他业务成本。除此之外的其他项目，如营业税金及附加、销售费用、管理费用、财务费用、资产减值损失、公允价值变动收益、投资收益等都是损益类的会计科目，可以从科目的借方发生额取数填列。营业利润就是通过对上述项目的加减计算得出的。

需要指出的是，营业利润也应该有狭义和广义之分，收入减去成本费用，再减去税费和减值损失之后得出的是狭义的营业利润，这部分利润反映了企业最基本的经营成果。广义的营业利润包含了公允价值变动收益和投资收益，前者可能来自股票的浮盈，我们知道股票的涨跌表现为数字变动，只要还持有、没有交割，就不能保证盈利。投资收益由两部分组成，一部分是控制子公司现金分红所得，企业可以按自己的意愿决定分红的多少，可操作性太强；另一部分是权益法下根据联营公司当期盈利计算出来的，与企业自身经营没有直接关系。所以要了解企业最核心的经营成果，狭义的营业利润可能更可靠一些。

2. 计算利润总额

一家企业的利润主要来自三个方面，经营所得、投资所得和偶然所得。经营所得就是前面提到的狭义营业利润，即主业通过日常的经营活动赚得的收益；投资所得是把资金投给其他企业，以利息收入或股利收入的形式获得收益，投资收益体现的就是投资所得；偶然所得是指与企业生产经营活动没有直接关系的各种收益，营业外收入核算的就是偶然所得，表格中的营业利润加上营业外收入，再减去营业外支出就是利润总额。至此，企业在报告期内实现的盈亏总额就计算出来了。

3. 计算净利润

净利润是利润总额扣除所得税后得出的，又叫税后利润（利润总额也叫税前利润）。净利润是当期企业经营实现的最终成果，很多财务指标都是以净利润为分子计算出来的。但到这里利润表还没有结束，已实现的经营成果计算出来了，我们还要继续计算当期未实现的收益。

4. 计算综合收益

综合收益是指企业在某一期间与所有者之外的其他方面进行交易或发生期事项所引起的净资产变动。这个定义有点拗口，不好理解。它的意思是说在本期没有股东投入资本的情况下，期末所有者权益减去期初所有者权益的差额就是综合收益。综合收益包括净利润和其他综合收益两部分，净利润前面介绍过了，就是企业当期已实现并确认的收益。反之，其他综合收益就是企业未实现但已确认的收益。其他综合收益的明细项目有不少，最经常出现的就是以公允价值计量的可供出售金融资产产生的利得或损失。比如A公司持有一上市公司的股票，由于没划到交易性金融资产，所以放到了可供出售金融资产科目核算，年初时股价一共100万元，到了年末股票升值为150万元，这升值的50万元就是其他综合收益。是否确认为其他综合收益关键是看该收益当期有没有实现。从字面上看，已实现就是交易已经完成，可以确认的收益，企业所持股票当期没有交易，所以不能视为已实现的收益。问题是同样的股票放在交易性金融资产科目，无须交易，账面价值升值减值都放在公允价值变动收益科目核算，也就成了净利润的一部分。到了可供出售金融资产，同样的升值减值就只能计入其他综合收益了。不问业务实质只关心放在哪个科目，这也算是违反会计准则实质重于形式的一个特例。

据我估计，公允价值计量的可供出售金融资产就是一种妥协的产物，既然是公允价值计量，公允价值的变动当然应该计入公允价值变动收益。但有的企业担心公允价值变动波动较大，对企业当期收益影响过大，所以要变动部分只影响所有者权益，不影响当期收益。但这样做明显会对据实在利润表中反映公允价值变动的企业不公平，于是就产生了这么一个四不像的其他综合收益。

过去利润表之后还有一张利润分配表，两张表合二为一最后计算出期末未分配利润（公式：净利润 + 期初未分配利润 – 提取法定盈余公积 – 应付股利 = 期末未分配利润），这里的未分配利润数字可以和资产负债表中的未分配利润数字进行核对，结果一致说明计算无误。所有者权益变动表出现以后把利润分配表的内容转移了过去，为了避免重复这部分内容就不在利润表中体现了。也正因为这个原因很多报表的未分配利润数字出现了错误，我的建议是对外披露可以不体现，但计算步骤不能少，低级错误不能犯！

第 8 章 现金流量表

企业现金的流入、流出情况

一 现金流量表意义何在

现金流量表是反映一定时期内（如月度、季度或年度）企业经营活动、投资活动和筹资活动对其现金及现金等价物所产生的流入和流出情况的财务报表。现金流量表由三部分组成：经营活动产生的现金流量、投资活动产生的现金流量、筹资活动产生的现金流量。其中经营活动产生的现金流量是重中之重，后面两部分只是对前者的补充。

说到现金流量表就不能不提到权责发生制和收付实现制，现行的企业会计制度都是以权责发生制为基础的，会计人员所有的账务处理都与之相关。但在非财务人员眼中收付实现制才是最可靠，也最容易理解的，他们信奉“现金为王”。对老板来说，账上没有钱才是最要命的；对债权人来说，企业赚了再多的钱也是账上的数字，他们最关心的是自己的债到期能否收回。对投资人来说，企业盈利能力强当然是好事，但谁知道这是不是会计做出来的假象？健康的现金流还能说明企业的资产管理能力，所以投资人一样关心现金流。问题是按照权责发生制编制出来的资产负债表和损益表涉及应收、应付、折旧摊销、准备等会计处理方法，这些处理与现金流不能同步，报表显示 A 公司在 2015 年赚了 1 个亿，但因为应收账款没有收回、预付账款或存货增加过快等原因，现金流可能是负 1 个亿。依据收付实现制编制出来的现金流量表可以很好地解释企业的钱从哪里来到哪里去的问题，是对根据权责发生制编制报表的一次补充说明。

二　现金的概念与范围

现金流量表反映的是现金和现金等价物流入和流出情况，这里的现金是指企业库存现金以及可以随时用于支付的存款。与我们生活中理解的现金有一定区别：假如有朋友向你借钱，你不想借于是找了个借口，你会怎么说？不好意思，我现在手头现金不够，银行倒是有点存款，但都是定期，要到年底才能到期。这里现金指的钱包里的纸币和银行里的活期存款，也就是随时可以拿出来又不会造成损失的钱。现金流量表概念里随时用于支付的存款，注重的是能否用于支付，至于支付是否会造成损失不在考虑范围之内（因为这部分损失是机会成本）。所以在这里，定期存款也是现金。

有意思的是，会计科目中的现金和银行存款与现金流量表中的现金也不完全一致，会计科目的银行存款是指企业存放在银行的货币资金。但不是所有存放在银行的存款都可以随时用于支付，比如银行承兑汇票保证金，银行会要求委托开具银行承兑汇票的公司存入一定金额的保证金，信用额度不同，保证金比例也不同，通常是票据金额的 20%~100%，这部分保证金只有到票据到期时才能解付，所以保证金的使用是受限的，不能随时用于支付，在银行存款科目和资金负债表里，保证金是银行存款，也是其他货币资金，要在货币资金项目中列示。但在现金流量表中，保证金由于使用受限，就不能被视为现金及现金等价物。表 2–3、表 2–4 截取自某上市公司的定期报告，表 2–3 取自资产负债表，表 2–4 取自现金流量表，资产负债表中的货币资金期初、期末余额都比现金流量表中的现金及现金等价物高得多（期末高出 5.49 亿元），从年报信息可以得知，保证金和准备金均使用受限。

表 2–3

单位：元

项目	期末余额	期初余额
流动资产：		
货币资金	10 831 008 700.26	11 462 770 898.80
结算备付金		
拆出资金		
以公允价值计量且其变动计入当期损益的金融资产		

表 2–4

单位：元

四、汇率变动对现金及现金等价物的影响		5 684.00
五、现金及现金等价物净增加额	–546 324 293.67	–717 855 705.58
加：期初现金及现金等价物余额	10 828 783 216.38	9 951 146 093.28
六、期末现金及现金等价物余额	10 282 458 922.71	9 233 290 387.70

有人会问，保证金存放在账务处理时是“借：其他货币资金；贷：银行存款”，以前视为货币资金的内部流转，在现金流量表中是不做列示的，

现在要减少期末现金及现金等价物，要在现金流量表的哪一块列报呢？

回答这个问题之前，我们先要明确保证金存放在银行的目的是什么，即开具银行承兑汇票。而开具银行承兑汇票是为了利用银行给予的信用额度，承诺远期支付货款，以有限的资本购进更多货物，最大限度地减少对营运资金的占用与需求。这实质上是一种融资行为，所以保证金的存入和收回都要在筹资活动产生的现金流量项目中反映出来。

如果企业当期存入的保证金大于收回的保证金，则要把差额部分填入支付其他与筹资活动有关的现金项目中，表现为企业当期开具了更多的银行承兑汇票，利用了更多的银行授信。如果当期收回的保证金大于存入的保证金，仍要把差额填入收到其他与筹资活动有关的现金项目，表现为当期企业减少了银行承兑汇票的开具。

表 2–5

项目	附注	本期发生额	上期发生额
三、筹资活动产生的现金流量：			
吸收投资收到的现金			
取得借款收到的现金			
收到其他与筹资活动有关的现金			
筹资活动现金流入小计			
偿还债务支付的现金			
分配股利、利润或偿付利息支付的现金			
支付其他与筹资活动有关的现金			
筹资活动现金流出小计			
筹资活动产生的现金流量净额			

三 如何编制

1. 直接法

直接法是指通过现金收入和现金支出的主要类别列示经营活动的现金流量。直接法直接确定每笔涉及现金收支业务的属性，分别归入按现金流动属性分类形成的经营、投资、筹资三部分的现金收支项目。三部分的现金流入流出净额合计就得到一个单位整个期间的现金净流量。

因为直接法可以分析出企业经营活动现金流量的来源和用途，预测出企业现金流量的前景，所以准则（《企业会计准则》第 31 号——现金流量表第八条）规定：企业应当采用直接法列示经营活动产生的现金流量。前面介绍的现金流量表也都是以直接法为前提的。

准则还规定经营活动现金流量的信息可以通过下列几种途径获得：

（1）企业的会计记录；（2）根据下列项目对利润表中的营业收入、营业成本以及其他项目进行调整获得：①当期存货及经营性应收和应付项目的变动；②固定资产折旧、无形资产摊销、计提资产减值准备等其他非现金项目；③属于投资活动或筹资活动现金流量的其他非现金项目。

我们在实务中将第一种方法称为“台账法”，日常核算时只要是与现金收付项目有关的，在编制会计凭证的同时还会按照现金流量表项目的内容建立一本流水账，把现金流量表的信息也归纳一下，期末时按台账信息填报现金流量表，这种方法在过去基本没有人使用，再建一本台账工作量较大，期末归类填报也很花时间，还不如自己根据报表分析填列来得快。不过现在有财务信息化系统就不一样了，只要在总账系统中为现金和银行存款科目设置一个项目辅助账，要求财务人员只要编制与现金和银行存款有关的会计凭证，都必须同时填写现金流量项目，否则会计凭证不得生成。通过这种硬性要求，把工作做在平时，最后就可以通过系统运算自动生成现金流量表了。

由于不重视日常工作，编制凭证时随意性大，很多公司通过系统生成的现金流量表未必可靠，期末时还要二次复核。而且不是所有公司都使用了财务软件，很多公司即便使用，也没对项目账做硬性要求，所以我们还要掌握第二种方法——分析法。

分析法就是在期末根据资产负债表和利润表，结合相关财务数据分析填报现金流量表的方法。这种方法的优点是工作量相对较小，对会计师事务所的审计人员来说，用分析法编制现金流量表是一项基本技能。缺点是编制人员首先要对现金流量表的原理有一定理解，如果没有一定的理论知识和实践经验，最终编制出来的报表可能与实际误差较大。

2. 直接法的编制方法

现金流量表与其他会计报表相比，有一个很大的不同点，其他报表如资产负债表、损益表都要从账上取数，只有现金流量表不是从账上提取，完全是人工编制出来的。所以说，对不对只有自己知道！没有明细账，光凭资产负债表和利润表就把现金流量表一字不差地编出来几乎是不可能的。当然，这并不是说现金流量表就可以随意乱编了，准则的重要性原则在这里特别适用，编制现金流量表我们要掌握两个原则：1）抓大放小，在不影响报表使用者误判的情况下可以忽略一些细节。比如支付（收到）的其他与经营活动有关的现金，这个项目反映的都是一些零星的小额支出或收入（当然也有大额的收支，但不是主流和常态），金额小又没有明确的指向，就可以打个包放在这里。实务操作中，通常报表编不平，有一点差额就隔个差放在这里。这样编报表理论上不被允许，但实务中经常出现，要注意的是差额不能太大，太大就可能有问题！所以表不平就隔差放其他项目，这种办法未必不行但要有个上限，以不超过流入或流出金额的5%为宜。2）不能犯明显的错误。像投资活动产生的现金流量与筹资活动产生的现金流量中大部分项目都可以从报表中直接加减取数。比如取得投资收益收到的现金，如果企业长期投资都是按成本法核算的，并且当期应收利息没有变化，那么本项目的填报金额就应与利润表中的投资收益金额基本一致，如果有差别就要找出原因。像这样的例子还有很多，购建固定资产、无形资产和其他长期资产支付的现金，与固定资产、在建工程、工程物资、无形资产等项目的原值增加数相关；吸收投资收到的现金与实收资本、资本公积相关；借款收到的现金（偿还债务支付的现金）与短期借款、长期借款、交易性金融负债、应付债券等项目相关；分配股利、利润或偿付利息支付的现金主要与财务费用、利润分配等项目相关。其中收回投资收到的现金和投资支付的现金，这两个项目涉及多个金融投资类项目（交易性金融资产、持有至到期投资、可供出售金融资产、长期股权投资等），如果没有明细账就很难分清当期收回多少，又支付了多少。但一般情况下收回投资收到的现金和投资支付的现金两个项目冲抵后的净额应与前述四个金融投资类项目的净额保持基本一致（可能会有投资手续未完成，挂往来的情况），如果不一致应找到原因。

掌握了上述两个原则，我们就可以开始编制现金流量表了。编制现金流量表时要牢记，经营活动产生的现金流量净额是报表的核心，报表使用者最关心的就是这个指标，所以编制时都要围绕这个指标展开。

（1）销售商品、提供劳务收到的现金

这个项目反映企业销售产品在当期实际收到的现金，主要包括销售收入和增值税、销项税两部分。如果一家企业的销售收入都是以现金形式收取的（比如部分餐饮行业），那么它的销售商品、提供劳务收到的现金项目是最容易计算的，直接从利润表的营业收入中取数再加上对应的销项税即可。但大多数企业采取的都是赊销形式，这就要求我们还要考虑应收票据、应收账款、预收账款等与收入相关应收款项的变动情况，应收款项期末大于期初说明当期有收入但没收到现金，所以要从收入中扣除。反之，期初大于期末说明当期收到了上期没有收回的货款，所以要加上。

（2）收到的税费返还

这个项目反映企业当期收到的税费返还，政府为鼓励某些行业的发展会把企业上交的税款再返还一部分，利润表中通常会体现在营业外收入——政府补贴项目中反映，现金流量表则会在收到的税费返还项目中反映。

（3）收到的其他与经营活动有关的现金

前面说过这一项目反映的是除上述项目外，收到的其他与经营活动有关的现金，这样的定义相当于没说（这是不是在暗示我们只要把其他项目都按要求填好了，剩下的数字都可以放在这里？）。事实上，这个项目主要指的是除退税收入之外的营业外收入（如罚款收入、赔偿收入等），以及与经营有关（但与销售无关）的暂收款，比如保证金、暂借款

之类，所以我们主要从营业外收入和其他应付款项目中取数。

（4）购买商品、接受劳务支付的现金

这个项目反映企业购买原材料、劳务实际支付的现金，和销售商品收到的现金一样，也由支付的贷款和货款一同支付的增值税和进项税两部分组成。同理，如果企业进货一直是现款现货从不赊账且没有库存，那我们直接从销售成本中取数再加上相应的进项税即可。但大多数企业为了保生产都会多进点存货备用，也都会赊账。所以在填报本项目时我们还要考虑存货、应付票据、应付账款、预付账款等项目的增减变动情况。

（5）支付给职工以及为职工支付的现金

这个项目反映企业实际为职工支付的现金报酬，这个数字通常都会比职工拿到手的金额要大一些，因为企业不仅要为职工支付工资奖金，还要为职工支付医疗、养老、失业、工伤、生育以及住房公积金等各项社会保障基金。这部分钱职工无法直接拿到手，但的确是企业的一项开支。要填报此项目很简单，找到应付职工薪酬明细账的借方发生数直接填上即可。

（6）支付的各项税费

这个项目反映企业当期实际支付的各项税费，包括营业税、增值税、消费税、所得税、房产税、土地增值税以及各项附加费等。同上，我们从应交税费项目中找出相应的数字填报即可。

（7）支付的其他与经营活动有关的现金

同收到的其他与经营活动有关的现金项目一样，本项目反映企业除上述各项目之外支付的其他与经营活动有关的现金。与收到的其他与经营活动有关的现金项目不同的是，企业为经营活动支付的不仅有成本还有费用，比如业务招待费、办公费、差旅费等，所以我们要从多个项目中取数。利润表中可以从扣除人工费用后的管理费用和销售费用中找数字。营业外支出中的罚款支出，以及其他应付款里的借出款项、保证金也是本项目的填报范围。

通过上述一系列的计算，我们基本上可以把经营活动产生的现金流量净额计算出来了，但这并不是最终结果，我们还要编制投资活动产生的现金流量和筹资活动产生的现金流量（由于篇幅所限，这里就不一一描述了）。因为数据相对容易获取，内行人很容易发现问题，所以建议在编制上述两大项目时不要出错。投资和筹资数字准确，就可以推算出经营活动产生的现金流量净额，从而再次验证之前编制的数字是否可靠。

3. 间接法

所谓间接法就是在净利润的基础上，通过对有关项目的调整计算出经营活动产生的现金流量的过程。间接法假设净利润与经营性现金净额是相关联的，由于净利润是以权责发生制为基础，现金流是以收付实现制为基础，两者很难保证完全一致。通过间接法编制出的现金流量表便于将净利润和经营性现金净额进行比较，不仅可以从现金流的角度分析净利润的数量，还可以与直接法编制的经营性现金流量表相互验证，保证现金流量表编制的准确性。所以准则规定企业必须用直接法编制现金流量表，同时在会计报表附注中用间接法再编一次。

表 2–6　现金流量表

单位：元

补充资料	本期发生额	上期发生额
1. 将净利润调节为经营活动现金流量：		
净利润		
加：资产减值准备		
固定资产折旧		
无形资产和长期待摊费用摊销		
处置固定资产、无形资产和其他长期资产的损失（减：收益）		
固定资产报废损失（收益以“–”号填列）		
公允价值变动损失（收益以“–”号填列）		
财务费用（收益以“–”号填列）		
投资损失（收益以“–”号填列）		
递延所得税资产减少（增加以“–”号填列）		
递延所得税负债增加（减少以“–”号填列）		
存货的减少（增加以“–”号填列）		
经营性应收项目的减少（增加以“–”号填列）		
经营性应付项目的增加（减少以“–”号填列）		
其他		
2. 经营活动产生的现金流量净额		
不涉及现金收支的重大投资和筹资活动：		
债务转为资本		
一年内到期的可转换公司债券		
融资租入固定资产		
3. 现金及现金等价物净变动情况：		
现金的期末余额		

（续表）

补充资料	本期发生额	上期发生额
减：现金的期初余额		
加：现金等价物的期末余额		
减：现金等价物的期初余额		
现金及现金等价物净增加额		

这是一张间接法的现金流量表模版，从表中可以看出间接法编制的现金流量表附表主要由三部分组成，第一部分是最主要的部分，是将净利润调节为经营活动现金流量的计算过程；第二部分列示不涉及现金收支的重大投资和筹资活动（这种情况比较少见）；第三部分列示现金及现金等价物净变动情况，与直接法不同的是这里把现金和现金等价物分开进行列示。第二部分和第三部分很少见，而且没有太大的意义，这里主要介绍第一部分也就是将净利润调节为经营活动现金流量的技巧。

所谓调节一般分四个步骤：

（1）找出不涉及现金流的成本费用，比如资产减值准备、固定资产折旧、无形资产和长期待摊费用摊销等项目，这些项目按权责发生制的要求要在计算净利润时扣除，但不涉及现金支付，所以又要在计算经营性现金流时加回来。

（2）找出与经营活动无关的损益（比如筹资、投资活动的损益），视具体情况加上或扣除。比如处置固定资产、无形资产和其他长期资产的损失（减：收益）、固定资产报废损失（收益以“–”号填列）、财务费用（收益以“–”号填列）、投资损失（收益以“–”号填列）等项目，这些项目影响了当期利润也涉及现金流，但都与经营性现金无关，所以有收益就要扣除（与经营性现金流无关），有损失就要加回（减少了利润所以要加回来）。

（3）找出不涉及当期现金流入流出的流动资产项目，加上或扣除。比如存货的减少（增加以“–”号填列）、经营性应收项目的减少（增加以“–”号填列）、经营性应付项目的增加（减少以“–”号填列）等项目，这三个项目尤其是后面两个项目一直是间接法现金流量编制的难点，存货的增减还好理解，期末存货比期初增加了，说明当期赚的利润有一部分被用来购买了存货，所以要从利润中扣除；反之期末比期初减少了，说明当期耗用的存货有一部分是用以前年度的现金购买的，不影响本期的现金流，所以要加回来。至于经营性应收项目的增减与经营性应付项目的增减原理与存货的增减相同，但要复杂得多。比如经营性应收项目涉及应收票据、应收账款、预付账款和其他应收款等诸多项目，本来项目就多，还要找出这些项目与经营活动相关的部分。以其他应收款为例：期初其他应收款余额为100万元，本期净增200万元，期末余额为300万元，一般情况下可以直接视为经营性应收项目的增加，从表中扣除，但查账发现增加的200万元有150万元是对其他企业的投资款，因为有手续没走完，所以在其他应收款项目中暂挂。由于具有投资性质，这150万元与经营活动无关，就不能从经营性应收项目中扣除。由于涉及的项目多，情况又比较复杂，不看明细账很难把这些项目填准确。我的建议是能找到明细账最好，实在没有可以找科目余额表甚至从报表中直接找数字，先把这几个项目填上，再与主表对照一下，误差不大就不会有大问题，误差大了再找原因。

（4）找出其他与现金流无关但影响当期利润的项目，比如公允价值变动损失（收益以“–”号填列）、递延所得税资产减少（增加以“–”号填列）、递延所得税负债增加（减少以“–”号填列）等，这几个项目都影响了当期损益，但其增减变动又都不涉及现金收支，所以要视增减情况从利润中扣除或加回。

四　一个关于现金流的故事

20 世纪 90 年代末，我们那儿有个卖自行车的代理商做生意赚了点钱，又刚好搞到一块地皮，就打算与人合伙开一家星级的酒店（在我们那儿当时算最高档的）。他没多少钱，开始的协议是他先把楼盖起来，盖好后把大部分股权卖给合伙人。结果酒店快开业了，合伙人出了点事撤资不干了。他到处找人接盘可就是找不到，一气之下，他把自行车店卖了，借了一屁股债打算自己单干。

可是他没多少钱（自行车生意赚不了多少钱），酒店招人，每个员工要交押金，一人 2000~5000 元。酒店开业后出纳的首要任务就是把当天的全部流水交老板还债、付工程款。可酒店经营还是有成本的，把钱全上交拿什么付人菜钱？一个字“拖”！所有要付供应商的钱全部拖三个月再付，到了说好的付款期，财务经理会先消失几天，谁也不知道到哪去了，然后是出纳再消失几天，也没人知道去哪了。其实都在酒店的某个房间躲着办公。实在拖不下去了，出纳会开支票给你，但兑不出钱来，因为支票不是日期写得有问题就是章盖错了，你回头找她重开，她会很抱歉地告诉你：不好意思，这个月的付款计划已经用完了，下个月一定第一个付给你！

你说现金流为什么比利润重要？因为现金流在关键时候就是命呀！酒店老板没有现金流，酒店就开不了，也就谈不上什么赢利。现金流是短线救命用的，利润是长线救穷用的，你说现金流和利润哪个更重要？

后来酒店终于撑了下来，老板度过了一段最困难的时期，小老板成了当地的大老板。再过几年，他又投身房地产事业，买了不少地，可还是没钱（嗯，这也算他的经营手法了）！直到有一天，他在二线城市花大价钱拿了一块地，又把全部身家投了进去，恰逢房地产市场低迷，房子卖不出去，付不了工程款，公司天天有人上门要债，有段时间到处传老板跑路了。

说到这里你以为结果肯定是老板跑路，公司清盘了？错了！老板通过他熟悉的套路，到处拆东墙补西墙，总之他又熬过了最难的那一段时光，最后的结局大家都能猜到了，去年房价飞涨，不到一万的价位一夜间冲到二三万，现在老板都快成传奇人物了。

是传奇的英雄还是跑路的狗熊，就看你的现金流有没有断了！

讲完故事再回到主题：现金流和利润，哪个重要？要我说当然都重要，企业发展的不同阶段两者的重要程度是不一样的。现金流代表了现实，而利润代表了理想，没有钱的时候现实是残酷的，要货没货，要人没人，饿着肚子空谈理想没用！但没有理想也不行，没有理想意味着没有希望，一家始终亏损没有盈利希望的公司是没有价值的。

很多财务人员对现金流的认识度还不如公司老板，他们往往沉迷于利润的核算而忽视了现金流的管理，殊不知我们核算出的利润都是过去时了，管理现金就是管理资产，就是在为企业创造价值。

对于新兴产业的创业公司来说，现金流的意义更加重大。这些公司几年不盈利可能是常态，利润对于这些公司只存在于纸面上。但不能说这样的公司没有价值，京东商城和滴滴打车每年的亏损额都是以亿元为计量单位的，可同时它们也是千亿元市值的大型互联网公司。能够做到这一点主要是它们找到了投资者认可的盈利模式，同时也因为它们融资能力强，现金流管理得好。过去 20 年也有很多优秀的公司，有好的概念和优秀的团队，也融到了资金，就是烧钱的时候过于大手大脚，没有管理好，结果倒在了半路上。做好资金管理、做好预算管理，让企业得到持续稳定的资金支持是创业公司财务人员值得好好研究的课题。

第 9 章 所有者权益变动表

各组成部分的增减变动情况

一 什么是所有者权益变动表

所有者权益变动表是反映所有者权益各组成部分在报告期增减变动情况的报表，可以说是资产负债表中所有者权益部分的补充说明表。其实利润表在一定程度上已经对所有者权益的变动的最核心部分——未分配利润进行了详细的说明，但利润表表述得还不全面，比如未分配利润的分配情况、盈余公积的提取、股本的投入与减少、资本公积的变动情况等在资产负债表和利润表中都没有具体反映，投资者要准确理解所有者权益各明细项目的增减变动情况，就要通过所有者权益变动表。

在四张表中，所有者权益变动表是最不受重视的，非专业的人士很少有人关注它，监管层也不是很重视，上市公司一季度和三季度财务报表是不需要报送该表的。但也正因为这样，不少财务人员不熟悉所有者权益变动表，编制时也经常出现一些低级错误，所以学习一下还是很有必要的。

如果你不是干这行的，因为所有者权益的变动情况在前面三张表中已经反映过了，只要充分了解了前面三张表的信息，所有者权益变动表可以不用过多关注。

二　格式与填报方法

表 2–7 不是一份标准格式的所有者权益变动表，为了表述方便我把不经常用到的其他权益工具、专项储备、一般风险准备项目都删除了。所有者权益变动表与前面三张表相比有两大不同点。第一，是不强调对比关系，虽然准则也要求同时填报本期和上期两张所有者权益变动表，但几乎没人会关注上期变动表的数字，因为本期所有者权益的变动与上期所有者权益的变动几乎没有可比性，也没有人会做相关的对比。第二，表格是矩阵形式的，因为要表述当期所有者权益各组成部分的增减变动，只能以矩阵形式填报表格。左边各行反映各权益类项目的增减变动情况，右边各列列示所有者权益的各组成部分（主要包括股本、资本公积、盈余公积、未分配利润等）明细情况。

所有者权益变动表分上、下两部分，上半部分专门体现因会计政策变更和前期差错更正，导致企业对上期期末所有者权益余额进行的调整，尤其是对期初未分配利润的调整，不论是会计政策变更还是前期差错更正，只要调整了未分配利润就是对前期净利润发生额的否定，这当然是一件大事，需要重点说明，表格列示只是说明的部分，在附注中还要用文字重点说明调整的原因。下半部分反映所有者权益各明细项当期的增减变动情况，各明细项目的增减原因各有不同，股本增减原因是股东的增资、减资；盈余公积增加都是从当期净利润中提取得来的，减少的话

表 2–7　所有者权益变动表

编制单位：　　　　　　　　　　　　　　　　　　　　单位：元

项目	本期						
	股本	资本公积	减：库存股	其他综合收益	盈余公积	未分配利润	所有者权益合计
一、上年期末余额							
加：会计政策变更							
前期差错更正							
其他							
二、本年期初余额							
三、本期增减变动金额（减少以“–”号填列）							
（一）综合收益总额							
（二）所有者投入和减少资本							
1. 股东投入的普通股							
2. 其他权益工具持有者投入资本							
3. 股份支付计入所有者权益的金额							
4. 其他							

（续表）

项目	本期						
	股本	资本公积	减：库存股	其他综合收益	盈余公积	未分配利润	所有者权益合计
（三）利润分配							
1. 提取盈余公积							
2. 对所有者（或股东）的分配							
3. 其他							
（四）所有者权益内部结转							
1. 资本公积转增资本（或股本）							
2. 盈余公积转增资本（或股本）							
3. 盈余公积弥补亏损							
4. 其他							
（五）专项储备							
1. 本期提取							
2. 本期使用							
（六）其他							
四、本期期末余额							

法定代表人：　　　　主管会计工作负责人：　　　　会计机构负责人：

要么是用于转增资本，要么是弥补亏损；未分配利润增加额来自当期净利润（提取盈余公积后），减少主要是被用于分配股利了；其他综合收益不能直接用于分配股利，所以它的增减变动只能与相关项目的当期公允价值变动有关；所有权益类明细项目中资本公积的变化要复杂一点，因为这个科目本身就是个大杂烩，变动的原因有很多，有些变动原因不好解释就只能放在其他项里。

虽然所有者权益变动表不受投资者重视，但不代表财务人员就可以忽视它。怎么说它也是四张主表之一，是一份标准财务报表不可缺少的部分。所有者权益变动表也是最容易填错的报表，填报时要特别注意不要填错行，编制完成后还要把所有项目的期末余额与资产负债表中所有者权益项目核对，核对无误后才算完成。

第 10 章　报表附注

不可或缺的补充说明

一　什么是报表附注

在这里要特别声明一下，财务报表附注是财务报表的主要组成部分。现在的财务报表格式为了简明扼要，简化了很多重要的财务信息，比如存货、应收账款、固定资产、无形资产等所有都是以净额列示的资产类科目，要知道这些资产的账龄、原值及已提减值准备之类的财务信息，只有通过报表附注。附注是对资产负债表、利润表、现金流量表和所有者权益变动表的补充说明，附注中不仅有较详细的财务数据，还有大量的文字信息，财务人员（很多时候是实际编制附注的审计人员）会把有用的信息写到文字说明里，提醒阅读人员注意。所以附注对非专业的报表使用者也是有用的（事实上很多管理者或投资人根本不关注附注，附注成了财务人员或是审计人员自娱自乐的事）。

很多财务人员可能经常编制会计报表，却从没有编过报表附注，一旦有需要都直接交给会计师事务所审计人员，甚至有人认为报表附注就是审计人员的本职工作。附注信息量大，有数据有文字，在编制的过程中可以与主表列示的信息相互参照比较，经常能发现主表编制时被忽略的一些问题。财务人员可以通过编制报表附注获取更多的财务信息，更深入地了解企业经营情况。所以我建议财务人员平时最好自己编制报表附注，年终审计时可以委托给审计人员，但自己一定要参与进来。

二 内容有哪些

1. 企业的基本情况（简单了解）

主要包括企业的地址、组织形式、业务性质、经营范围和实际控制人等基本信息，如果是集团公司，还要披露合并报表的合并范围以及当期子公司的增减变动情况。

2. 财务报表的编制基础（无须了解）

强调公司以持续经营为基础编制的财务报表，根本不用看。

3. 重要会计政策及会计估计（专业人员如有需要可认真阅读，非专业人士可忽略不看）

会计政策和会计估计是编制企业会计报表的理论基础，从资产负债的计量到收入利润确认都需要依据企业事先制定的会计政策和会计估计。如果公司是第一年编制会计报表附注，财务人员对它就更要重视，会计政策和会计估计一经确认就不得随意变更，因为一家企业采用的会计政策和会计估计一旦有所变动，都会对企业当期的经营业绩产生直接的影响。

（1）重要的会计政策

会计政策是指企业进行会计核算和编制会计报表时所采用的具体原

则、方法和程序。比如编制合并报表时执行的合并政策，存货的计价政策，主营收入的确认原则等等。准则允许企业发生某个交易事项时在不同的会计处理方法中选择最适合企业的。所谓企业执行什么样的会计政策，就是指企业选择了什么样的会计政策。比如：存货的计价政策方面，企业可以选择先进先出法还是加权平均法（有信息化系统协助的情况下，企业一般会用加权平均法甚至移动加权平均法）；投资性房地产的计量上，企业可以选择按历史成本计价或是按公允价值模式计价（正常情况下企业都会选择按历史成本计价）；执行什么合并政策是指编制合并会计报表所采纳的原则（母公司与子公司的会计年度不一致的处理原则，合并范围的确定原则之类）。

国内的会计准则通常规定得比较严格，企业制定会计政策时可以自主选择的空间并不大，我们把上市公司年报做个比较，就会发现同行业的上市公司会计政策都基本大同小异，很多上市公司的会计政策都是准备上市时，请会计师事务所的审计人员临时编制的，审计人员直接从准则复制、粘贴，几乎没有人多少人关注过。经常有上市公司自己的财务人员都不知道自己公司执行什么会计政策。制定时可以不关注，但变更时就要特别关注了。为了保证会计信息前后一致可比，准则不允许企业随意变更会计政策。通常只在两种情况下会计政策可以变更：①国家行政法规或企业会计制度等要求变更。这条很好理解，近几年经济发展速度很快，国内会计准则为了适应发展需要经常变更，比如前几年就把存货的后进前出法计价方法直接取消了，企业当然要进行变更；②企业变更会计政策能为管理层或投资者提供更可靠的财务信息。实务操作中这条就很不好把握，因为能不为投资者提供可靠财务信息是要靠主观判断的，投资者不了解内情只能被动接受。一旦管理层在经营过程中出现困境，自然地就想从会计信息上做文章，比如上市时公司为了计价方便，制定会计政策时把出租房屋的投资性房地产以成本法计价，后来房价上涨过快，市价涨了几倍。但公司的主营业务起色不大，为了让业绩好看一点，管理层就可能要求把投资性房地产的计价方法变更为公允价值计价。这样是否适当不做评价，对投资者来说最好的办法是，一方面要求企业提供更多、更全面的信息，另一方面自己也要掌握一定的财务知识便于做出正确的判断。

（2）重要的会计估计

会计估计是指对结果不确定的交易或事项以最近可利用的信息为基础所做出的判断。会计政策也要用到主观判断，但大部分政策准则都会有条条框框的限制，会计估计在这方面自主权要更大一些，可以说会计估计就是会计人员主观判断，也可以说整个会计准则就是建立在估计的基础上。比如我们知道任何一家企业都不可能永续经营下去，可为了核算需要我们假设企业能一直持续经营，这其实也是一种估计；我们也知道任何固定资产都有一个使用年限，但谁也不知道到底哪一天会报废，这就要求我们给固定资产估计一个使用年限（无形资产、长期待摊费用都是如此）；我们都知道应收款都有收不回来的风险，但到底有多少一定能收回来、有多少可能收不回来，谁也无法准确预测，这时就要用到会计估计，我们可以给应收账款划分一个账龄，按账龄规定一个坏账计提的比例，账龄越长，坏账计提比例越高。问题是以上这些估计开始制定时，可能适合企业的实际情况，但随着企业经营环境、经营规模发生变化，有些会计估计不再适合企业管理的需要了，这就要求我们进行一定的会计估计变更。需要提醒的是，与会计政策相比，会计估计对企业当期利润的影响更大，一旦变更不当就会给人以操纵利润的印象。下面就举一个会计估计变更的案例：

以应收款项的减值测试方法及减值准备计提方法为例，A 企业本年度应收款项组合计提坏账准备的比例如表 2–8 所示：

表 2–8　坏账准备金计提

账龄	计提比例（%）
1 年以内	5
1 年至 2 年	10
2 年至 3 年	15
3 年至 4 年	30
4 年至 5 年	50
5 年以上	100

由于是商贸企业，A 企业绝大部分应收账款账龄都是一年以内甚至三个月以内的，年终应收账款原值有 2 个亿，其中 1.9 亿都是 6 个月以内刚发生的款项，未来几个月内基本都能收回。所以 A 企业认为为此计提上千万元的坏账准备过于保守且没有必要。于是在 2016 年把应收款项组合计提坏账准备的比例进行了变更，如表 2–9 所示：

表 2–9　坏账准备金计提

账龄	计提比例（%）
6 个月以内（含 6 个月）	0
6 个月至 1 年	10
1 年至 2 年	30
2 年至 3 年	60
3 年以上	100

通过变更，A 企业减少了 6 个月以内的应收账款坏账计提比例（6 个月以内不计提），同时加大了 6 个月以上的应收账款坏账计提比例，理由是商贸企业应收账款如果有逾期，风险将会大大增加，所以要加大坏账计提比例。由于 A 企业绝大多数应收款账龄都是 6 个月以内的，通过本次会计估计变更，A 企业在下一个年度的净利润增加了上千万元。

总结一下，如果我们是第一次编制或阅读一个公司的会计政策和会计估计，就要仔细一点，重点要关注坏账的计提、固定资产和无形资产摊销是否合理等，以后再看附注时，这部分就只要关注变更的部分，要关注变更的原因以及变更前后的影响。

4. 税项

税项主要由两部分组成，第一部分介绍企业要交哪些税，税率是多少；第二部分介绍企业当期享受哪些税收优惠，依据是什么。相对来说，后者要比前者重要一些，一家公司享受的税收优惠越多，说明政府对该行业、该公司的支持力度越大。这当然是好事，但反过来想，一旦优惠政策到期或政府收回了优惠，那就可能对企业未来的收益产生重大影响。所以我们更要关注企业享受的税收优惠政策及期限。

5. 财务报表主要项目注释

所谓报表附注，就是对财务报表的主要项目进行注释说明，本项当然是整个附注中内容最多也是最重要的部分。财务报表的项目很多，以往只要求对主要项目进行补充说明，但有人因此钻空子，有的项目明明很重要就是不做说明，有的项目金额很小根本没人关注却要详细说明。最后管理部门干脆规定好附注的格式，把几乎所有的财务报表项目都囊括进来，要求只要出现数字就要在附注中注释说明（当然这只对上市公司适用，非上市公司作为参考就可以了）。

下面以预付账款为例，大概说明一下项目注释的主要内容：

预付款项

（1）预付款项按账龄列示

表 2–10

单位：元

账龄	期末余额		期初余额	
	金额	比例 (%)	金额	比例 (%)
1 年以内				
1 年至 2 年				
2 年至 3 年				
3 年以上				
合计				

（2）账龄超过 1 年的重要预付款项

表 2–11

单位：元

单位名称	期末余额	未结算原因
合计		——

（3）按预付对象归集的期末余额前五位的预付款项情况

表 2–12

单位：元

单位名称	期末余额	占预付账款期末余额
合计		

（4）预付款项期末余额较期初余额上升（或下降）___%，主要原因是______。

第 1 项是本项目的主表，按账龄列示预付账款的期初余额、期末余额（如果是利润表项目则是本期发生数和上期发生数）。通过账龄的划分提示该项应收款项的风险大小，也能一定程度上看出企业资产管理的水平。

第 2 项是账龄超过 1 年的重要预付款项，这里的关键词是“重要”两个字，只需列示金额较大且账龄较长的款项。

第 3 项按预付对象归集的期末余额前五位的预付款项情况，不仅是预付账款，应收账款和其他应收款也要求列示期末余额前五位的往来单位名称、金额以及占比，这样要求的主要目的是显示出企业主要客户在所有客户中所占的比重，由此可以分析出企业对关键客户的依赖程度。但问题是一家企业的客户信息可能是企业的商业机密，如果把客户名称都披露出来，可能会给企业带来不便，所以我建议如果不是强制要求，可以用代号代替企业名称。如客户 1、客户 2、客户 3 等。

第 4 项是文字说明，只要项目期初与期末数字发生较大变化都要附上文字说明，说明变动的主要原因，是经营方针发生变化还是市场环境发生变化之类。

财务报表的项目有很多，有的项目要求披露的信息很多，格式也不一样，要想真正学会还是要多看、多动手，亲自编写几次自然就会了。

6. 合并范围的变更

所谓合并范围变更，就是要说明本期是否有新设子公司并入合并报表中，有没有关闭或出售子公司脱离合并报表范围。

7. 在其他主体中的权益

要求披露子公司的信息（注册地、经营地、业务性质、持股比例、取得方式等），重要控股子公司的财务信息（少数股东权益、流动资产、非流动资产、流动负债、非流动负债、营业收入、净利润、经营活动现金流量等），联营或合营企业的财务信息（指权益法核算的投资企业）。

8. 与金融工具相关的风险

首先要给金融工具下个定义，所谓金融工具是指公司在经营过程中所确认的各类金融资产和金融负债，通常金融资产指货币资金、应收账款、应收票据、其他应收款、可供出售金融资产、对外委托贷款、委托理财等，金融负债指短期借款、应付账款、应付票据、其他应付款等。金融工具通常有三大风险：信用风险、流动性风险和市场风险。

信用风险，是指金融工具的一方未能履行义务从而导致另一方发生财务损失的风险。所以要分析信用风险就要列示出金融资产的账龄以及计提坏账准备的情况；流动性风险为公司在履行与金融负债有关的义务时遇到资金短缺的风险，同样分析流动性风险也要列示出金融负债的到期日，并确保公司有足够的流动性来履行到期债务；金融工具的市场风险，是指金融工具的公允价值或未来现金流量因市场价格变动而发生波动的风险，包括汇率风险、利率风险和其他价格风险。控制汇率风险就要监控公司所持外币资产的规模，并对现在和未来外汇汇率的变化进行敏感性分析。利率风险是指金融工具的公允价值或未来现金流量因市场利率变动而发生波动的风险，通常与公司以浮动利率计息的借款有关。

9. 公允价值的披露

披露以公允价值计量的资产和负债的期末公允价值，并说明确定的依据。

10. 关联方关系及其交易

（1）关联方及关联方交易

关联方是一方控制、共同控制另一方或对另一方施加重大影响，以及两方或两方以上同受一方控制、共同控制的，构成关联方。从定义可以知道关联方有上下左右之分，上指母公司及母公司控制的子公司，下指公司直接或间接控制的子公司，左右指同受母公司控制的同级公司。由于公司与公司之间互为关联方，有这样或那样的关系导致双方发生交易行为时，可能会存在不公允的现象。比如母公司为了避税可以把利润从税率高的子公司转移到税率低的子公司，也可以把上市公司（持股比率较低）的利润转移到自己的全资子公司，从而伤害到中小股东的利益。由于监管的存在，这种利润转移只能通过关联方交易的形式进行，因此关联方交易也就成了监管的重点。

（2）关联方交易的几种形式

1）购买或销售商品：很明显大多数关联方交易都是这种形式。

2）购买或销售商品以外的其他资产：固定资产、无形资产、在建工程等非流动资产的交易。

3）提供或接受劳务：这也是一种商品交易行为，只不过提供的商品不是实物而是服务。

4）担保：这是一种很隐蔽的关联方交易，大股东可指使上市公司为其控制的子公司提供担保，由于担保一般不涉及现金或实物交易，具有一定的隐蔽性，如果上市公司不主动披露，一般很难被发现。但担保有很大的潜在风险，不出事便罢，一旦出事都是大事，所以监管方一般不允许上市公司无故为关联方提供担保。

5）提供资金：贷款或股权投资：这也是一种很常见的关联方交易行为，以借款的形式无偿（或低于市场利率）为关联方提供大额资金支持，这种行为很常见，会严重侵犯上市公司中小股东的利益。

6）租赁：上市公司可以低价把房产或机器设备出租给关联方，从而达到转移利润的目的。

7）关键管理人员薪酬：企业关键管理人员负责制定战略目标、经营计划、主管生产经营活动等，主要包括董事长、董事、董事长秘书、总经理、总会计师、财务总监、主管各项事务的副总经理以及行使类似职能的人员等。关联方不仅是公司，也可以是个体。管理层（更可能是大股东的代表）凭借其对企业决策的重大影响力，可能让企业从事不公允的交易，进而损害股东或其他方面的利益。监管机构为了防止这种情况出现，要求将关键管理人员薪酬信息也特别披露出来。

以上是经常发生的几种关联方交易形式，还有代理、许可协议等一些形式这里就不一一描述了。

（3）关联方关系及其交易信息披露的格式

主要披露两部分内容，首先披露有哪些关联方，包括母公司、子公司、联营企业的基本情况，其他关联方情况（主要指同受母公司控制的企业）；再披露关联交易情况（上面提到的几种关联方交易形式，只要发生交易金额就要披露）。

11. 承诺及或有事项

首先，企业要承诺，到报表截止日为止，公司除了已公开披露的信息没有再需要披露的重大承诺事项及或有事项。

所谓或有事项，是指过去的交易或者事项形成的，其结果须由某些未来事项的发生或不发生才能决定的不确定事项。常见的或有事项主要包括：债务担保、未决诉讼或仲裁、承诺、亏损合同、产品质量保证（含产品安全保证）、重组义务、环境污染整治等。一般经常披露的或有事项都是一些未决诉讼或仲裁，因为诉讼涉及的金额通常比较大，又具有不确定性，所以要特别说明。

12. 资产负债表日后事项

资产负债表日后事项是指资产负债表日至财务报告批准报出日之间发生的需要调整或说明的事项。财务报告批准报出日是指董事会或类似机构批准财务报告报出的日期。年报的资产负债表日都是 12 月 31 日，假设财务报告批准报出日是第二年的 3 月 31 日，那这三个月之间发生的重要事项都是资产负债表日后事项。或有事项具有不确定性，可能发生也可能不会发生。而资产负债表日后事项是确定已经发生了，只是发生日期在资产负债表截止日之后，无法在报表中体现，只能在这里做重点说明。

13. 其他重要事项

因为准则不可能把所有要披露的事项都规定好，所以专门设立了一个其他项，让企业把自己认为应该披露的重要信息都披露出来。

14. 母公司财务报表主要项目注释

报送合并会计报表也要同时编制母公司会计报表，所以合并报表附注要为母公司财务报表主要项目进行注释，要披露的主要项目包括应收账款、其他应收款、长期股权投资、营业收入和成本、投资收益等项目。

15. 补充资料

作为财务报表附注的最后一项，补充资料其实相当重要。这里补充了当期非经常性损益明细表（本书后面会对该表做重点说明），还补充了净资产收益率及每股收益，这都是相当重要的财务信息，是对财务报表的重点补充。

第 11 章　合并财务报表

编制合并报表，是才财务人的高阶技能

企业合并是一个热门词汇，炒股的人最喜欢听到合并重组这些词，哪只股要沾上这样的故事，股价一般都会大涨。对财务人员来说，编制合并报表是个高水平的技术活，编得好说明你在专业技术方面的能力没有问题。其实企业合并和编制合并报表虽然有联系，却是两件不同的工作，前者涉及一系列的法律流程，需要多方的通力合作。后者对财务人员来说也是一项挑战，一张复杂的合并会计报表（层级多、合并单位多，可能还有交叉持股）需要编制人对合并对象有较深的了解，不仅仅要熟知控股关系和内部关联交易，各单体报表的情况也要有所了解。总之编制合并报表不只学会理论知识那么简单，还需要对所在公司业务非常了解。

一　什么是企业合并

按法律形式的不同，可以将企业合并分为吸收合并、新设合并和控股合并三种。吸收合并是“A 企业 +B 企业 =A 企业”，就是大鱼吃小鱼，小鱼已不复存在；新设合并是“A 企业 +B 企业 =C 企业”，两个公司合

并重组成一家新公司，原来的公司都不存在了；控股合并是 A 企业购入 B 企业的控股权，形成控股与被控股的母子公司关系，A、B 两公司作为法律主体仍然存在。只有在控股合并的情况下才会编制合并报表，本章所说的企业合并指的就是控股合并。

准则将企业合并分成了两大基本类型：同一控制下的企业合并和非同一控制下的企业合并。其实区分同一控制还是非同一控制的关键还是控制权的问题。举个例子，有一家大型国有企业打算把内部的经营重新进行整合，以前每个省都有一个子公司，现在打算成立一个新的公司，要把华东六省的子公司股权都划给这个新的公司。这样的合并就是同一控制下的企业合并，一般都发生在集团公司内部，本质上就是一个集团内部资产的调拨，也可以理解成一种关联交易，既然是关联交易，交易的价格当然是不公允的。为了避免这种不公允影响合并报表使用者的判断，同一控制下的企业合并产生的损益是不能确认的，交易行为也不能被视为买卖行为。

非同一控制下的企业合并就是单纯的市场行为，参与各方之前没有什么直接或间接的控制关系，因为竞争而走到了一起。非同一控制的合并是能够产生收益的，购买方以较低价格购买产生的差额可以直接计入营业外收入，但钱花多了则不能计入营业外支出，只能被视为“商誉”这种无形资产。

值得一提的是，我国的国有企业虽然同受国家控制，但它们之间发生的企业合并不能被视为同一控制下的企业合并。也就是说这几年一直进行的国企改革（主要是国企的并购重组）都算市场行为，都是非同一控制下的合并。

二 合并财务报表的意义

企业财务报表合并是指将两个或者两个以上单独的企业合并形成一个报告主体的交易或事项。两个或两个以上的公司能否合并成一个会计主体，关键是看其中一方是否已取得对另一方的控制权。有控制权编制出的报表叫合并会计报表，没有控制权也可以编制报表，但只能是汇总报表或是模拟报表。

我们都知道上市公司财务报表主要由两部分组成——合并财务报表和母公司财务报表。通常投资者只会关注合并报表的数据，上市公司的主要财务指标也都来自合并报表，母公司财务报表几乎没人关注。但过去不是这样的，20 世纪 90 年代，母公司报表才是最重要的，银行发放贷款也是以母公司报表作为分析对象。后来发生变化的主要原因是母公司的职能发生了转变。对大集团来说，母公司主要职能是投资和管理下属公司，母公司逐渐退出生产经营活动，不再与下属公司争利。所以单看一份母公司的利润表可能只有投资收益（分红）和管理费用，无法充分反映出整个集团的财务状况和经营成果。这时就需要合并财务报表，把整个集团能够控制的资产和负债都加进来，把整个集团当年创造的经营成果都汇到一起，集中反映集团整体的财务状况和经营成果。

当然，做了加法还要做减法，就是合并抵销。集团公司有个重要的管控手段就是购销集中。对外采购由某个公司统一负责，对外销售也由某个公司统一负责，这样以购销为代表的交易行为势必非常频繁。为了防止有人利用这一点操纵收入和利润，就要对内部交易进行抵销：抵销收入成本费用；抵销债权债务；抵销内部采购的固定资产、无形资产和因此产生的折旧摊销费用。

三　同一控制下企业合并的处理原则

在最终控制者的眼中，同一控制下企业合并就是一个集团内部子公司与子公司之间控制权的重新组合，这种组合不会造成集团经济利益的增加或减少，也不会产生新的资产或负债。总体的处理原则就是以不变应万变。被合并方不用进行资产评估，原则上资产负债都应保持原来价值并入合并方的合并报表，合并方出的购买价可能高于或低于被合并方的所有者权益，产生的差额只能调整到所有者权益有关项目（资本公积或留存收益），不能影响当期损益。这么做的目的是防止大股东利用控制权操控合并利润。如果没有同一控制的相关规定，大股东可以把旗下非上市的子公司低价卖给上市的子公司，利用控制权创造利润。

所以编制同一控制下的合并报表说简单也不简单，简单是因为事前工作比较少，之前都在一个大集团内，采用的会计政策都差不多，一般不需要在统一会计政策方面做工作。编制时也简单，直接把被合并方的资产、负债以账面价值汇入合并报表，合并抵销时无差额的，直接用长期股权投资冲减合并方的所有者权益（由于是同一控制下的合并，被合并方在合并前实现的盈余公积和未分配利润要还原回来），差额部分调整到资本公积。

看起来比非同一控制步骤要少得多，实务中工作量并不少，做两个非同一控制下的企业合并财务报表，要比做一个同一控制下的企业合并财务报表来得轻松。为了防止控制方通过合并影响比较报表的财务信息，准则要求合并后形成的合并主体自控制方开始实施控制起，一直是一体化存续下来的，意思就是 2015 年 A 上市公司把同受 B 公司控制的 C 公司（成立于 2010 年）合并进来了，但要视同为 2010 年就合并了，理论上要重新编制之前最少三年的合并报表并进行比较（如果不这样做，控制方可以把一家赢利较多的子公司划给上市公司，使得上市公司当年利润同比大幅上升，从而误导投资者）。要把之前编制的报表推翻、重新编制这工作量已经不小了，更大问题是附注的数据要与报表一致，所以还要把上年度的附注重新写一份，工作量之大是旁观者难以想象的！

四 非同一控制下企业合并的处理原则

非同一控制下的企业合并是指参与各方在合并前后不受同一方或相同的多方最终控制的合并交易。严格来说，企业合并指的就是非同一控制下企业合并（同一控制下企业合并只是同一集团内部资源的再分配）。判断非同一控制的关键词就是"控制"二字。首先要判断合并各方不存在被控制的关联关系，这样才能保证合并交易的公允性。最后还要保证合并方最终能够对被合并方形成实质控制，这里的实质控制一般指一方对另一方拥有 50% 以上的表决权（实务中我们会简化理解为直接或间接持股 50% 以上）。有时没有 50% 以上的表决权股份，但通过章程协议也能对企业实施财务和经营方面的决策，也可以视为拥有实质控制权。

一般来说企业收购时，对被收购一方的资产都要进行评估。因为资产的账面价值并不代表公允价值，最明显的就是房产，十几年前入账时可能是一千多一平方米，现在翻十倍都不止了，当然要重新按市价评估。那评估出的净资产公允价值是不是最终成交价呢？一般情况下成交价还会高一点，因为有些无形资产的价值是无法评估的：有的收购是为了获得对方的市场，避免恶性竞争（比如打车软件市场的多次并购行为），这种情况下收购方当然要多付出一点代价；有的收购目标是为了获得对方的技术人才，人的价值也无法评估；还有的收购是因为对方是上市公司，收购方要借壳上市，这类收购付出的代价是最大的，远远超过被收购方的实际价值。这些合并成本大于被收购方净资产公允价值的差额都会被确认为商誉（控股合并在合并报表中确认，吸收合并在账簿中确认）。也会有合并成本小于被收购方净资产公允价值的情况，差额要计入合并报表的当期营业外收入。出现这类情况或多或少都会有点问题：我们假设某上市公司要收购一家上游供应商，承诺合并后加大该供应商的采购份额并在价格方面有所优惠，条件是收购价要远低于实际公允价值。供应商为了赚钱当然同意。上市公司也达到了通过合并收购调节当期利润的目的。

五　合并财务报表的编制方法

1. 统一会计政策和会计期间

新准则颁布之前，会计制度五花八门，那时大学学会计还有商业会计专业、工业会计专业、外资会计专业的区分。那时一个多元化经营的集团公司要编合并报表还是很麻烦的，首先要确认一个集团统一的会计政策（以母公司执行的政策为准），有子公司执行会计政策与母公司不一致的，就要把该报表进行适当的调整，有些调整只是报表项目的变化，有些就可能涉及具体账务的处理，工作量可以想象有多大。国家要求执行统一的会计准则之后，这种情况就少了，有的集团公司使用统一的财务软件，从会计科目设置到合并报表生成都由系统完成，就更不存在这方面的问题了。

国内企业执行的会计期间都是一样的，都是每年的元月一日到 12 月

31 日。有不一致的只能是在海外设立的子公司，这种情况下直接要求子公司按要求另行编报即可。

2. 汇总各二级财务报表

表 2–13 是一张为编制合并报表而专门设计的合并过程表模板（部分），开始编制前先发给各二级单位，目的是统一格式，汇总报表也方便。与标准报表格式不同，这张过程表还要求各子公司填报各资产类项目的原值和跌价准备金额，因为有些合并调整分录或针对资产原值或针对减值准备，仅对资产净值合并抵消的话工作底稿根本没法做。

有的集团公司不仅有二级子公司，还有三级甚至四级子公司，这时就要分级合并。集团母公司只负责二级公司汇总合并工作，二级公司下面还有三级子公司的就要自行编制一张小合并报表，以此类推。

3. 检查合并过程表

公司大会计多，水平有高有低，提交的报表不可能都符合要求，首先要对各家报上的报表进行审核检查。检查报表平不平（资产 = 负债 + 所有者权益、资产负债表项目的未分配利润 = 所有者权益变动表项目的未分配利润），跌价准备有没有按会计政策足额提取，往来款项目有没有重分类等等，这都是简单易查的。以公允价值计量且其变动计入当期损益的金融资产、一年内到期的非流动资产、其他流动资产、可供出售金融资产、持有至到期投资、长期股权投资、其他非流动资产等项目乍一看是很难区分清楚的，有些科目的属性还经常发生变化。以可供出售金融资产和长期股权投资为例，前两年成本法核算的对外投资是在长期股权投资核算的，现在要求统一划分到可供出售金融资产，长期股权投资

表 2–13　资产负债调整过程表

单位名称：　　　　2015 年 12 月 31 日　　　　单位：元　币种：人民币

资产	本级	** 公司	** 公司	汇总合计	合并抵消		期末审定数
					DR	CR	
流动资产：							
货币资金					–	–	–
以公允价值计量且其变动计入当期损益的金融资产					–	–	–
应收票据					–	–	–
应收账款					–	–	–
减：应收账款坏账准备					–	–	–
应收账款净额							–

项目在合并报表中只披露权益法核算参股公司了。这种变来变去的例子还有很多，有些特例让审计师内部执行起来结果都不一样，就更不能要求子公司的财务都能搞清楚了。对于这类情况，我的办法是要求各单位财务编报的标准必须与期初数保持一致，这样可以保证政策的延续性。再逐个项目进行检查，尤其是理解上容易产生歧义的项目，期末期初做个对比，了解一下变化，正常增减变动当然没问题，有的纯粹就是放错地方了，就要调整回来。

4. 编制调整分录和抵销分录

我们都知道把汇总报表变成合并报表的关键是编制抵销分录，但如果有子公司是通过非同一控制并购得来的，还有一步调整分录的工作要做。因为被收购一方都要进行资产评估，并购价也是以评估价值为依据的，所以每次合并我们都要根据评估增值结果调整各项资产账面价值（通常都是固定资产、无形资产增值，分录主要是“借：固定资产或无形资产，贷：资本公积”）。既然是按评估值入账，就要按评估值计提折旧，所以还要对多出来的评估值计提固定资产折旧（借：营业成本，贷：累计折旧）。这么做的原因是被并购方虽然股东发生变更但法人主体还在，资产还要按照历史成本继续计价。在合并报表中是以被并购企业的公允价值为标的，所以要把账面价值调整为公允价值。

调整分录做完就要抵销了。第一步抵销权益，母公司的长期股权投资与子公司的所有者权益相抵（这一步刚开始复杂一些，以后只要股权比例不变动每年都一样，反而简单）；第二步抵销内部债权债务，应收抵应付，预收抵预付（这个比较简单，只要账对清楚，填数字即可）；第三步抵内部交易，收入抵成本、抵费用（如果形成存货还要抵存货，有时还会涉及递延所得税资产和所得税费用）。第四步现金流量的抵销（与前面三步不同，有内部交易不一定有内部现金流交易，所以这一步要按实际发生的现金交易填制分录），四步做完主要抵销分录就完成了。

当然有企业还有其他分录要做，比如内部固定资产交易的抵销之类，很多人认为合并报表难就难在这里。其实那都是考试设置的考点，实务中完全不必这样为难自己。我建议编制合并报表要把握“抓大放小”四字要诀，影响投资者判断的大额交易、大额债权债务一定要抵销干净，不能虚增资产负债和交易。对于那些小额的内部交易，尤其是“连续编制合并报表时内部交易形成的固定资产抵销处理”等等这些发生额小到可以忽略不计又复杂的抵销分录，完全可以忽略。

第3部分

财务管理

从记录到管理，再到价值创造，
这才是现代财务人的合格配置

个人理解，财务管理就是财务与管理，财务是一种行为，管理是一个目标，财务行为要为管理目标服务。财务管理的过程其实就是财务部门与其他部门打交道的过程，作为公司的一个重要职能部门，财务部与其他部门打交道自有其特点，财务部更注重对其他部门的监督，对办公室，要求报销合规合理；对业务部门，要求合同完整可信，风险可控等。所以财务管理也可以说是从财务的角度行使监督的职能。

如果一个公司的财务部门只负责接收信息，再把这些信息转换成会计信息，最终形成三张表，这样的财务部其实只能算作会计核算部。

一个真正的财务部门，应该针对监管职能制定出自己的核算办法，让核算为管理服务，核算是手段，管理才是目的。

第 12 章　预算管理

由财务部门主导但并不以财务为核心

预算管理是指企业在战略目标的指导下，对未来的经营活动和相应的财务结果进行充分、全面的预测和筹划，并通过对执行过程的监控，将实际完成情况与预算目标不断对照和分析，从而及时指导经营活动的改善和调整，以帮助管理者更加有效地管理企业和最大限度地实现战略目标。预算管理通常都是财务部门主导实施的，但不能以财务为核心（这一点接下来会重点说明）。

有人说管理就是控制他人的过程，预算管理是管理控制的组成部分，可以说管理控制的每一个阶段都需要预算管理在其中发挥作用，或者说预算管理就是量化管理控制。由于篇幅所限，本章不再过多介绍预算管理的一些具体方法，下面主要从企业管理的角度谈谈我对预算工作的一点认识。

一　从经营目标的制定到经营业绩的考核

我相信正常经营的企业在年初或上年末时都会制定一个经营目标，这个目标可能是企业管理层自己制定的，也可能是上级公司或主管部门下达的，重要的是这个目标有没有真正引起重视，公司全体员工有没有根据这个目标制订自己的全年工作计划。

目标制定了，也得到执行了，执行效果如何就要看年终的经营业绩、考核结果。通过经营目标与经营业绩的对比，查看任务的完成进度，基本完成甚至超额完成要给予奖励，只完成部分甚至与目标相差很远，要找到客观原因（如市场环境恶化等），但通过主观努力进行了弥补，应给予一定程度的谅解；客观环境没有发生大的变化，主要是执行力度不够的，应采取一定的惩罚措施。

这一系列的管理行为是预算吗？如果真能做到，我认为这就是预算管理了，可能是粗放式的，但它有目标、有对比、有分析、有总结，具备了预算管理的基本要素。但实际经营管理中这种粗放式的预算管理设想很好，执行起来效果却很差。

首先，经营目标的制定就要有个自上而下、自下而上的过程，领导一拍脑袋想出来的目标可执行度是很低的。有的集团公司的经营目标是这样制定的：2016 年集团的经营目标是收入增长 20%，利润增长 10%，所以公司所有二三级单位经营目标也是收入增长 20%，利润增长 10%。问题是各单位生产产品不同，资源配置不同，收入利润的基数也不可能完全一样，整齐划一的目标当然无法正常执行。

其次，预算目标不是一成不变的，在执行过程中要根据经营不断地进行调整，这个调整过程也是对目标执行的监控过程，一年中预算目标要与实际经营情况进行多次对比和分析，及时改进。

最后是考核与奖惩，如果一开始目标制定就存在不合理的地方，那考核也就无从谈起。这样的考核只能是形式上的，大伙心知肚明，走个程序而已，最后的奖惩也会走个过场，所谓的预算管理最终成了一次集体表演。

所以说预算管理不是发几个文件，收集一些指标就能做好的。结合企业实际情况，管理还要再细化。

二 从费用预算开始

事实上，大部分企业的预算工作都是从费用预算开始的，据调查，大多数企业现在执行的仍然是费用预算管理（可能有些企业声称实现了全面预算管理，可有效执行的还是费用预算）。因为费用预算相对来说，执行起来难度较小，也较容易见效。

费用预算是指企业为控制成本费用支出而做的预算。一般会事先制定一个开支范围，然后要求严格按预算执行，如果有超出的部分，需要说明原因，经过管理层特批方可开支。费用预算也是财务预算，从编制到监控最后到考核都离不开财务人员。但任何预算工作都离不开全体员工的参与，费用预算也是一样。

预算目标的制定：通常要制定一个费用开支的上限，这个数字可以以上年实际发生数为基数，再综合考虑物价和经营目标的增幅，确定一个增长百分比。也可以是零基预算，光听名字就知道所谓零基预算就是一切都从零开始，不考虑过去花了多少，只看未来应该花多少。要求未来一年，不论事情大小，只要预计会发生，都重新进行评估。零基改变了过去那种存在即合理的基数法，显然更加科学。但工作量较大，编制时间长，不仅对预算管理人员的业务素质要求较高，对预算执行人员要求同样很高。对某些管理基础薄弱的公司来说，可操作性不强。不论是基数预算还是零基预算，只要有一个可执行的目标，就是一个好的开始。

预算目标的分解：如果是零基预算，这一步就可以省略了，因为零基预算的编报过程就是预算目标的分解过程。但基数预算还要对总目标进行分解，不同的预算项目要指定不同的执行部门。比如人员薪酬，执行和编报部门就只能是人力资源部，招待费、办公费、交通费每个部门都会涉及，所以全员都要参与编报，折旧费、租金之类相对固定的开支属于不可控项目，财务部门就可以编制。通过分解，让全员都参与进来，让预算管理的制度深入人心。

预算目标的监控：预算目标都是预测出来的，比如基数加成制定的目标，加成高了给人的印象是可以多花一点，反正上面已经批了。加成低了，不够花又会影响经营。所以目标要在执行过程中根据实际情况不断调整。建议在季度财务分析时把预算执行情况一并纳入分析，对确有必要的支出及时调增，不必要的开支坚决砍掉。

预算目标的考核：预算考核是预算管理中承上启下的关键环节，通常费用预算的考核是由财务部门负责执行的。年度财务决算后，财务部门要把实际开支情况与预算目标做对比，超支的项目先找出超支的原因，是制定时考虑不周还是临时性开支，前者要对下一年预算目标进行修正，后者要再分析是否与管理不善有关，如果是，要对单位或个人实行问责。

三　全面预算是终极目标

全面预算管理是利用预算对企业内部各部门、各单位的各种财务及非财务资源进行规划、分配、控制和考核评价，以便有效地组织和协调企业的生产经营活动，完成既定的经营目标。大体上全面预算体系主要包括经营预算、资本预算和财务预算三个组成部分，这几年谈管理必讲预算，一讲到预算都是全面预算，好像不是全面预算工作就等于没做。实际情况是全面预算推行20多年以来，成功的案例的确有，但失败的更多。有限的成功案例大多是产品相对单一的制造行业，大集团、大企业即使启用了全面预算管理，但普遍效果不佳，问题多多。但作为财务工作者，不论全面预算是否过时，是否还起作用，做一些基本了解还是有必要的。

1. 加深对全面预算的认识

一提到全面预算都会强调它是全员参与、全方位覆盖、全过程控制的管理过程。全员参与指上到公司负责人，下到车间工人，各层级员工都必须参与到预算管理中去，而不仅仅是领导和财务人员的事；全方位覆盖指公司的一切生产经营管理活动必须全部纳入预算管理，包括生产经营、采购销售、投资融资、人事管理等，强调的是整体性概念，每个管理人员都有机会参与到预算管理中，成为决策的一分子；全过程控制指企业的各项经营活动，包括事前、事中、事后每一个环节的控制都要纳入预算管理体系中来。

全面预算是提升企业管控的重要手段，主要体现在以下几项职能上：

（1）把抽象的中长期战略目标和计划分解、细化，进而落实下去。

企业有战略规划，有发展目标，但这往往给人假大空的印象。管理层的责任就是一方面保持公司的正常运转，另一方面把握好战略方向，推进企业发展。这时候全面预算就是个有效的管理工具，它可以先把中长期的目标转化成短期目标（同时大方向不变），再分配给各部门最后到每个员工，使企业目标更明确、更具体、更具有可操作性，从而保障战略目标的落地和实现。

（2）把有限的资源进行优化整合，提高管理效率。

通过预算，公司可以优化资源配置（主要是人力资源和财务资源），协调分配各部门所需要的资源。各部门都有自己的利益诉求，为了完成任务都想尽可能地多占据资源，通过全面预算管理可以从战略的角度协调各部门的利益关系，把各方面工作都纳入一个目标中来。事实上，这也是全面预算让部分经营者诟病的地方，他们认为这会束缚公司的创新和应变能力，让人变得不会思考。

（3）通过预算把计划和目标传达下去，成为各部门之间有效沟通的工具。

全面预算有个基本功能就是控制和约束业务行为，有了预算公司就有一套公认的“游戏规则”。这在公司快速发展时期尤为重要。这时预算就是上下级之间沟通意见的工具，有了这个工具，下属对上级的观点和要求得以清晰了解，通过了解，下级的工作意愿得到激发和实现。所以说全面预算可以成为沟通公司上下各级意见的桥梁。

（4）全面预算是绩效考核的主要依据。

没有全面预算的企业经常会面临一个难题：业务部门有任务、有目标，年终考核按任务来很好操作，可后勤管理部门比如财务部、办公室等部门事先没有下达过任务，年终无法衡量其工作成绩，也就没有办法考核，最后只有让相关人员拿业务人员的平均奖。业务人员心理不平衡：我们辛苦做事压力巨大，完不成任务还要扣钱，后勤部门没有任务压力，轻轻松松拿的钱还和我们一样多，太不公平！后勤人员也很委屈：辛苦做事却没办法衡量，干得好干得差都拿一样的钱，没有工作积极性！

现代企业管理是分权式的管理，预算代表了各级管理者对上级的承诺，这里包括了公司上下各级管理者乃至基层员工，是一个全面、综合的评价体系，通过这个体系可实现对公司全体成员的激励和制约。

2. 有效实施全面预算管理

（1）制定切实可行的战略规划、公司目标。

战略规划和公司目标是一体的，先有战略，进而分解出年度经营目标、计划，最后形成年度预算，中间有一个链条断开，那预算就会变成可望而不可即的事。总结起来就是经常被提到的预算管理“四位一体”的思想：公司决策层的战略规划、公司经营部门的业务计划、公司财务部门的财务预算和人力资源部门的业绩评估合为一体，整合成有效的公司核心管理模式。

（2）从业务的角度出发，强化财务信息与业务信息的关联性。

现实中全面预算失败的案例有很多，主要原因之一是财务部门与业务部门之间的冲突没有处理好。作为主导预算实施的部门，财务部门往往只会从财务角度看问题，强调预算的控制作用，却忽略了业务发展需要创新，市场环境会快速变化。给业务部门的印象是财务部门不能切合实际，只会自导自演、自娱自乐。所以财务人员要打破业务与财务之间的壁垒，协调预算安排与业务发展之间的目标冲突，保证预算编制的科学性和可行性。

（3）做好预算的监控与调整工作。

企业处于市场竞争的环境中，预算执行过程中出现偏差是一种常态，预算管理人员应对预算执行情况及时反馈，并进行差异分析。可以设置合理的预警范围，通过指标对比实现对预算偏差的严密监控，从而有效地防范风险。

有偏差就会有调整，预算调整是指在预算执行时，由于客观环境的变化或企业内部结构调整、人员变化等因素，使得原有预算失去客观性，需要对原有目标进行重新修订。预算调整的前提是不利因素客观存在且通过其他手段已无法弥补。预算调整通常是自下而上进行的，预算是很严肃的事，调整必须经过一定流程和审批手续方可进行。

（4）建立全面预算管理信息平台。

任何管理活动都是对信息收集、挖掘、分析和运用的过程，全面预算强调对信息的整合，所以预算管理的全过程都需要信息技术的支持。现在的管理者可以从编制预算时就把各种需要的数据输入电脑，得出各种不同的预算方案，通过比较制定出最适合自己企业的方案。信息的快速传递（前提是准确）可以极大地节省管理时间和管理成本。系统可以通过对费用、成本的预算控制产生强有力的约束，提高预算执行控制的效率。最后对预算差异的分析也更快、更准，考核当然也更合理。

曾经某集团公司下属二级单位的一位财务总监和我说过：“我们公司的全面预算工作没有太大意义，从编制到最后预算执行分析、总结都是财务一个部门的事，其他部门包括公司领导都不怎么参与。”我认为出现这类情况的关键还是考核不到位，预算考核是上一年预算工作的总结，也是下一年预算工作的开始，重视考核就是强调预算工作的严肃性，只有严格兑现奖惩措施，公司上下全体人员才会充分重视预算工作，才能促进企业全面实现预算管理目标。

第 13 章　财务分析

为企业提供参考资料并出谋划策

一　财务分析的定义和方法

财务分析是以会计核算和报表资料及其他相关资料为依据，采用一系列专门的分析技术和方法，对企业等经济组织过去和现在有关筹资活动、投资活动、经营活动、分配活动的盈利能力、营运能力、偿债能力和增长能力状况等进行分析与评价的经济管理活动。从定义可知，财务分析是立足于财务资料，利用专业技术，对企业的经营管理能力进行分析，最后从财务角度做出结论，并提出合理化建议。从这里可以看出，财务分析其实是管理会计的一个组成部分。

财务分析的方法较多，这里列举几个常用的简单方法。

比较分析法：找一个基数与实际数字做对比，算出差异并分析原因，这个基数可以是上年同期数，也可以是计划数字，从外部找到同行业的数字做对比也没问题，关键是要具有可比性，同质化的东西越多，对比出来的数据越可靠。反之就没有多大意义，比如服装行业，季节性比较强，冬季是旺季，产量大、销量大，夏季是淡季，以消化库存为主，进行分析时把冬季的数据与夏季的数据做对比就没有可比性，没有意义。

比率分析法：在报表中找出相关联的数据计算出比率，据此分析和评价企业的财务状况和经营成果。不同的人所关心的问题也不同，投资人喜欢分析企业的盈利能力和成长性，债权人喜欢分析企业的偿债能力，管理层要应对各方面的问题，所有比率都要分析。看起来财务比率可以分析这么多问题，可都是纸上谈兵。财务比率过于侧重财务数据，对业务信息基本没有涉及。这些财务数据也是来源于账面数字，一旦账面数字出现问题，比率分析就是无用功了。

因素分析法：因素分析法是依据分析指标与其影响因素的关系，从数量上确定各因素对分析指标影响方向和影响程度的一种方法。因素分析法既可以全面分析各因素对某一经济指标的影响，又可以单独分析某个因素对经济指标的影响。具体程序是先确定需要分析的指标，再找出影响该指标的因素有哪些，最后通过计算确定各个因素影响的数额。我们知道企业的发展经营结果是各种条件相互作用的结果，过程是相当复杂的，这里的内外因素很多，也有很大的不确定性和偶然性，所以最终出来的预测结果往往不太精确，不适用于大项目的财务分析。

上面说的都是常用的基本方法，实务中我们还是要进行财务综合分析。主要有两种，杜邦分析法和沃尔综合评分法。

杜邦分析法：杜邦分析法的基本思想是将企业净资产收益率逐级分解为多项财务比率的乘积，通过逐级、分层次的分解找到需要的数据进行分析。杜邦分析法认为净资产收益率是一个综合性最强的财务分析指标，通过对指标的层层分解可以使财务比率分析的层次更清晰、条理更突出，为报表分析者全面仔细地了解企业的经营和盈利状况提供方便。

从企业绩效评价的角度来看，杜邦分析法的缺点也很明显，就是只分析财务信息，不涉及业务信息，局限性太强。企业要长期发展靠的是综合实力，人力资源的储备、技术的创新能力、管理层的管理水平、行业政策的影响等因素对企业经营业绩的影响越来越大，而杜邦分析法在这些方面是无能为力的。所以还要与其他分析方法结合运用，比如采用沃尔综合评分法里的打分概念，让非财务信息也加入进来并参与考核打分。

沃尔综合评分法选择了 7 个财务比率，即流动比率、产权比率、固定资产比率、存货周转率、应收账款周转率、固定资产周转率和自有资金周转率，分别给出各指标的比重，然后确定标准比率（以行业平均数为基础），将实际比率与标准比率相比，得出相对比率，将此相对比率与各指标比重相乘，得出总评分，以此来评价企业的财务状况。沃尔评分法最大的贡献是把互不关联的财务指标按照权重联系到了一起，使对企业财务状况的综合评价成为可能。实务中沃尔评分法运用的范围很广，企业通常不局限于上面提到的 7 个财务比率，可以按需要增加或减少指标，也可能把非财务指标放进来综合分析，从而极大地拓展了综合评价的范围。

二　认清财务分析工作的几个要点

很多初入职场的新人都很向往财务分析工作，觉得很是高端，听名称就是管理岗位，又能锻炼人，所以要考财务分析师，到处找专业类书籍来读。这种想法固然没错，但具体学习或开始写财务分析报告之前，我还是要提醒大家注意几个要点，以防步入误区。

1. 有财务分析工作，但很少设有财务分析岗位

在我国，大部分企业是没有专门的财务分析岗位的，管理会计岗位较多，比如，资金管理、预算管理、报表会计、内部审计等等，就是很少见到财务分析会计。一般情况下，财务分析都是由某个财务管理岗位兼职的，大公司可能是主办会计兼职，小公司可能是财务经理甚至财务总监兼此岗位。个人认为这是正常的，财务分析基础是对财务信息的掌握，平时各方面信息了解得越多，就越能将分析与企业实际联系起来，才能做到言之有物。反之，平时不做账，不编表，也不参与其他财务管理工作，到了时间把财务报表拿过来，按书本上的要求，用 Excel 编出十几张表，算出几十个财务指标，再配上各种颜色的分析图，所有这些加在一起，也可以说是一份财务分析报告，但不见得是公司管理层需要的财务分析报告。

通常的情况是，管理层有这方面的需要：也许是为了面子，其他公司都有，所以我们也要有；也许是为了应付上级主管的要求，国企方面国资委要求提供，集团公司要了解下属单位的情况也要求提供。当然，我相信大多数公司是真正有这方面的需求，但由于种种原因，很多公司的财务分析最终变成了面子工程，为了分析而分析，脱离了企业的客观实际。

2. 财务分析不能局限于分析会计报表

如果根据一份会计报表就可以做财务分析，那上市年报就不会动辄两三百页了。事实上，就是把一家上市公司的年报拿过来，找一位财务分析方面的专家仔细研究，也不能说这位专家就一定能做出合格的财务分析报告。举个例子，A 公司的资产负债表如表 3–1 所示：

表 3–1　A 公司资产负债表（部分）

（单位：元）

资产	2015 年年末	2015 年年初	2014 年年初
流动资产：			
货币资金	55 000 000.00	63 000 000.00	60 000 000.00
以公允价值计量且其变动计入当期损益的金融资产			
应收票据	61 200 000.00	89 000 000.00	76 000 000.00
应收账款	220 000 000.00	320 000 000.00	350 000 000.00
预付款项	100 000 000.00	40 000 000.00	60 000 000.00
应收利息			
应收股利			
其他应收款	1 021 000.00	620 000.00	1 030 000.00
存货	42 000 000.00	37 000 000.00	39 000 000.00

利润表如表 3–2 所示（部分）：

表 3–2　A 公司利润表

单位：元

项目	2015 年度	2014 年度
一、营业收入	2 000 000 000.00	1 200 000 000.00
减：营业成本	1 950 000 000.00	1 160 000 000.00

先算财务指标，A 公司 2014 年应收账款周转率是 3.58，2015 年应收账款周转率是 7.41；2014 年存货周转率（次数）是 30.53，2015 年存货周转率（次数）是 49.37。

公式：应收账款周转率 = 营业收入 / 平均应收账款余额

其中：平均应收账款余额 =（应收账款余额年初数 + 应收账款余额年末数）/2

存货周转率（次数）= 销货成本 / 平均存货余额

分析一：从财务指标分析看，A 公司 2015 年度应收账款周转率和存货周转率同比都有大幅提高，主要原因是营业收入与营业成本同比分别增长了 66.67%、68.10%，而应收账款和存货期末余额保持平稳，没有跟随收入成本同比增长。那么分析到这里，我们是否可以做出以下结论：A 公司应收账款周转率提高，公司平均收账期缩短，应收账款回收速度加快，所以应收账款管理水平提高。存货周转率提高，存货周转速度加快，存货的占用水平降低，资产流动性加强，所以存货管理水平也有大幅提高。

当然不能这么快得出答案，我们还要继续分析。

分析二：通过利润表我们可以得知，A 公司的营业收入、营业成本同比分别增长了 66.67%、68.10%，而毛利额只增长了 25%，毛利率分别为 2.5% 和 3.33%，不仅没有增长，反而下降了 0.83 个百分点。收入大幅增长，毛利率不升反降，原因只能从企业年报中找答案。通过 A 公司的年报，我们了解到该企业是一家商贸企业，与制造企业不同，商贸企业的毛利率水平都很低，所以 2%~3% 也算正常水平，毛利率下降可以理解为该公司 2015 年度为了保收入创业绩，薄利多销，以量取胜，毛利率下降了，但毛利额上升了，所以经营管理方针合理，没有问题。这么理解对吗？我想如果是外部专业投资者，分析可能就到此为止了，但如果是企业内部财务管理人员做出的财务分析，结果可能大不一样。

分析三：通过企业内部管理人员透露的信息，我们进一步了解到 A 公司 2015 年度营业收入同比增加 8 亿元，主要原因是 2015 年度开拓了进出口代理业务，8 个亿的收入大部分是代理业务收入，代理费率非常低，只有 1% 左右，这也就解释了 2015 年收入增长 8 个亿，毛利额只增加了 1 000 万元。代理业务实际上是为客户提供中介服务，上游客商和下游客户直接联系，基本没有存货和应收账款的问题，这就解释了存货和应收账款为什么没有增加的疑问。

最后总结一下，A 公司 2015 年资产管理的能力是否获得大幅提升？结论是：存货周转率和应收账款周转率提高主要是代理业务收入增长所致，与管理水平提高没有直接关系。通过分析我们反而可以对 A 公司 2015 年度的营业收入增长提出质疑，根据会计准则，代理业务收入只能按净额确认收入，也就是说如果 8 个亿的收入都是代理业务导致的话，那 8 个亿中只有 1 000 万元可以确认为真实的营业收入。

所以说脱离业务实质和企业实际情况的财务分析报告是有缺陷的，大多数没有什么价值，有时甚至会误导报告使用者，引发错误的判断。

3. 财务分析就是对比分析的过程

做对比，找差异。财务分析的过程实际是比较分析的过程。

与预算目标、经营目标做对比，如果是季度分析，就看目标完成进度；如果是年度分析，就看目标完成情况。通过对比，找出差异，没有完成目标的，分析未完成目标的原因。完成甚至超额完成目标的，也要分析，找出完成任务的主要因素是什么。完成了目标，不一定就是经营业绩上去了，也可能本期收到了一笔政府补贴，或者处置了一处房产，找到并排除这种不可持续的意外因素才能还原真实的经营状况。

要与同行做对比，找出同行的财务指标数据（上市公司年报的数据相对客观且容易取得）做对比分析，分析前要先用排除法，上市公司规模相对较大，可能会采用多元化经营方针，不同行业的收入成本要排除。通过同业比较可以发现别人的长处与不足，找出来提交给管理层人员。

与自己做对比，一般财务分析报告都会与自己过去的经营指标做对比分析，但仅有分析数据是不够的。上面的例子告诉我们，就财务论财务是片面的，还要结合业务，分析业务，财务信息来源于业务信息，优秀的财务分析报告一定包含业务信息。

4. 明确财务分析的服务对象

听起来这是句废话，财务分析主要是为管理层服务，同时也为投资者和债权人提供参考。但很多财务分析报告似乎没有意识到这一点。图3–1、图3–2是我在网上找到的一份利用杜邦分析法做出的分析图。

该文的作者通过一系列的图形（还有很多图形和公式，在此不一一列举了），用杜邦分析法对中联重科的财务报表做了分析，最后得出应收账款数额过大，要加大催收力度，成本费用数额过大，要节约销售费用的结论。结论固然没错，但像这种用几个简单的财务数据做对比，再加上一小段文字就能说清楚的论点，却要在财务分析报告中排列过多图形，我认为就没有必要了。过程不重要，重要的是结果。管理层不是财务工作者，看到这么多图形和数据早就晕头转向了。而且过于专业化的描述，可能会起到反作用，让人没有继续看下去的欲望。曾经有位公司领导问我：投资收益率是什么意思？这当然是个案，但如果真碰上这种领导，你给他看杜邦分析法，他也许会认为你在有意嘲笑他。

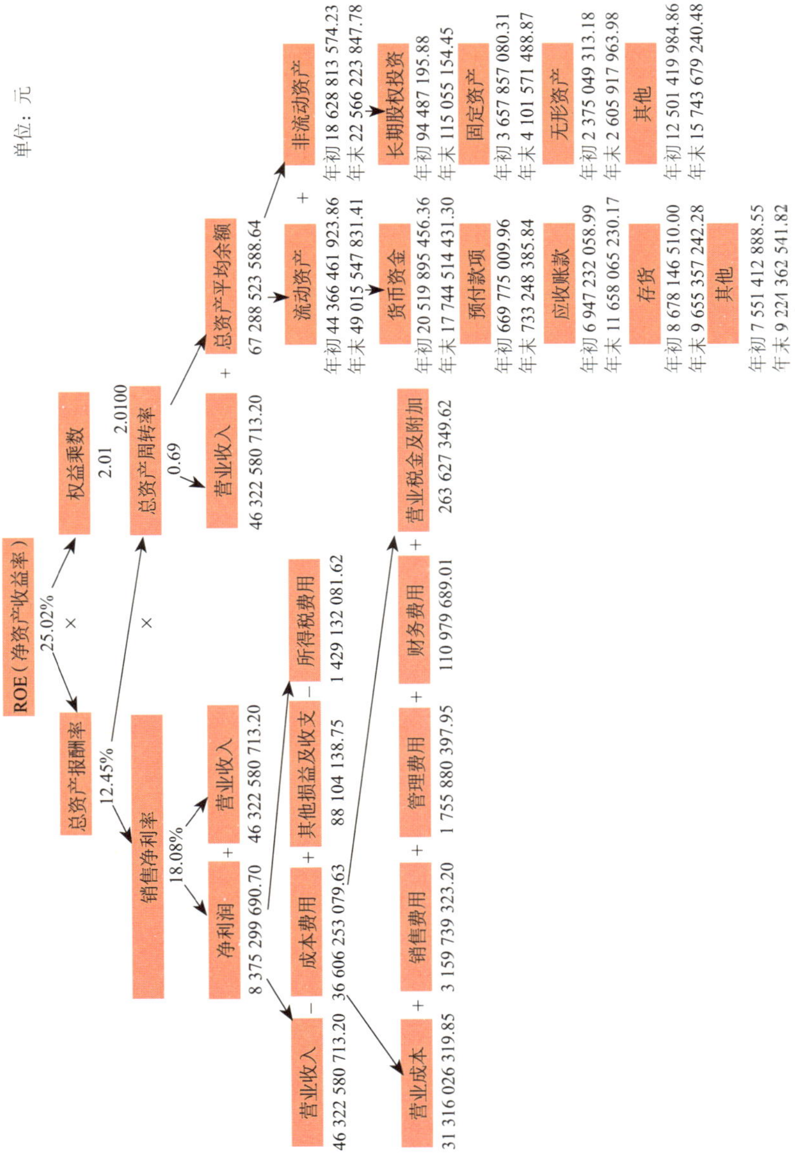

图 3–1　中联重科 2011 年杜邦分析

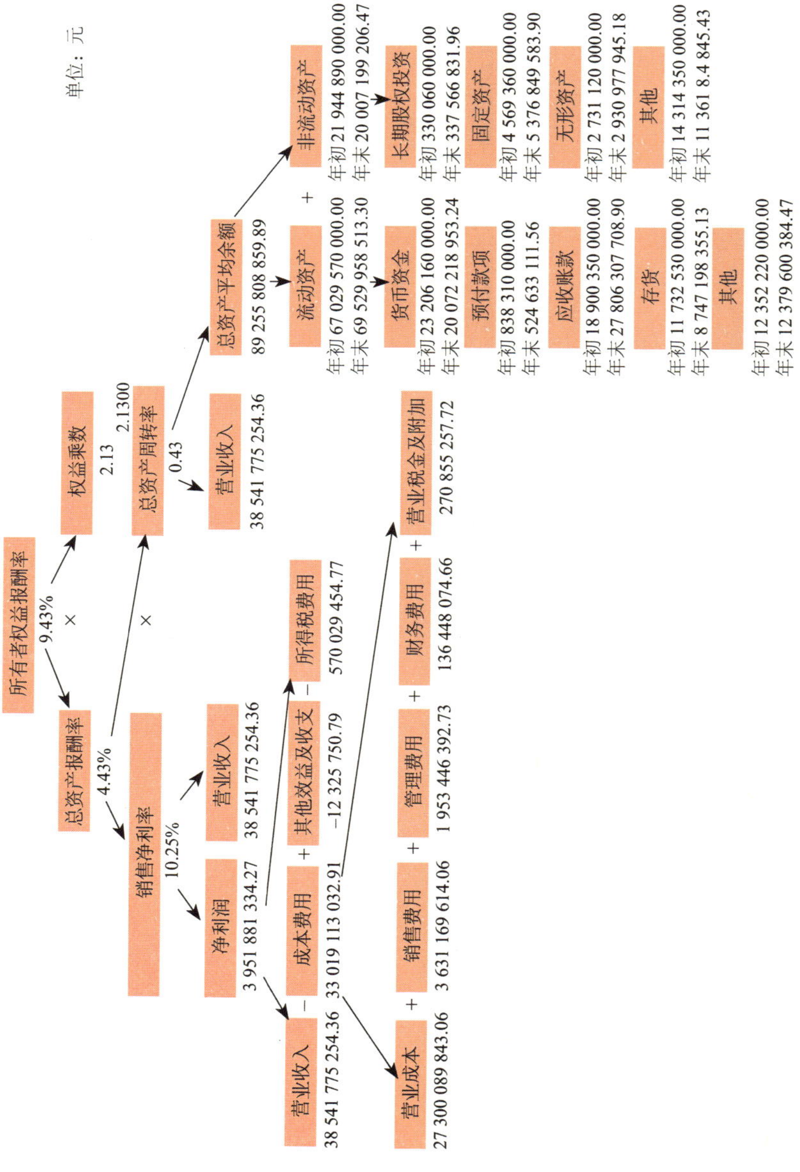

图 3-2 中联重科 2013 年杜邦分析

所以我认为，如果财务分析是写给非财务专业的管理层看的，过多的财务数据和财务指标没有必要罗列上去，这些指标完全可以作为备查资料存放在你的电脑里。财务分析报告只要有结论性的关键指标和数据就可以了，重要的是做好客观的文字描述，提供具体并切合实际的建议。

对管理层是这样，那对专业的投资者，尤其是专业的投资机构来说，财务数据要不要更多、更具体一点呢？这要看具体情况，专业的投资者可能想了解更多财务信息，做出更专业的判断，这当然没问题，但结合企业实际仍然是第一位的。现在的投资银行、证券机构的分析师不是财务出身，甚至不具备基础的财务知识。分析报告只流于形式，呈献程序化、为了分析而分析的趋势。曾经有证券机构让我提供一些财务数据，有些数据甚至违背财务常识，不提供还不行，令人哭笑不得。

表 3–3　某公司前五大供应商明细表

名称	2015 年	占营业成本比例（%）	名称	2016 年 1–3 月	占营业成本比例（%）
第一名			第一名		
第二名			第二名		
第三名			第三名		
第四名			第四名		
第五名			第五名		
合计			合计		

这是某券商要求我公司提供的财务资料，财务人员都知道要分析营业成本，主要分析的是成本结构，比如成本中原材料的占比，人工成本的占比，制造费用的占比等等。分析供应商占比不知从何谈起？作为制

造企业，我怎么知道本期结转的成本中哪些是A供应商提供的？哪些是B供应商提供的？如果只要求提供本期采购金额前五名的供应商，倒还能说得过去。

三 逐个分析企业的重要指标，认清企业本质

1. 盈利能力分析

看一家企业赚不赚钱就要分析它的盈利能力，盈利能力的相关指标主要有销售毛利率、营业利润率、净利率、资产报酬率和净资产收益率等。一般来说净资产收益率是比较关键的指标，综合性比较强。但具体分析就要看具体情况，分析一家公司当期盈利状况可以倒推。

先看净资产收益率是否提高了，如果答案是肯定的，再看原因：是当期净利润增长所致（分子），还是期末净资产减少所致（分母），前者是积极的因素，后者可能是公司当期分红减少了净资产所致。

如果是净利润增长，还要再分析是营业外收入增长带来的利润增长，还是主要营业利润带来的增长。其实直接看利润表，把本期和上期的营业利润、净利润做一下对比就能得出结论。当然，通过营业利润率与净利率的对比可以做出更细致的分析。

营业利润率越高说明公司赚钱能力越强，这个指标的变化与毛利率有关，也可能是期间费用、投资收益和资产减值损失变化所致。期间费用下降导致营业利润上升说明公司节约开支，管理能力加强；投资收益上升分析时就要更细致一点，我们假设A公司2015年度把所持有的B上市公司原始股全部卖出，当期赚了1 000万，导致A公司当年净利润

增加了 200 万。那么我们最后可以得出 A 公司 2015 年比 2014 年主营业务盈利能力增强了吗？当然不能！相反该公司的盈利能力可能在下降。如果投资收益的增长不是卖股票所得，而是对外委托贷款、信托投资得来的，则说明公司资产运营能力不错，但高收益、高风险，这和企业的主营业务盈利能力关联性还是不太大。

销售毛利率代表了企业产品的竞争力和获利能力，是一家公司净利润的起点，与同行相比，毛利率提高，说明公司产品竞争力强、附加值高；与上年同期相比，毛利率提高，说明公司成本管控得好，企业成长性强。是不是毛利率下降就一定不好呢，也不一定。有的公司为了扩大市场份额采取薄利多销的方式，以量取胜。这时毛利率下降但毛利额上升，企业的盈利能力可能还是向好的。

2. 运营能力分析

运营能力是指企业对各项资产的运用效率，也是对企业资产管理的能力进行评价分析。主要指标有存货周转率（天数）、应收账款周转率（天数）、总资产周转率等。分析企业的运营能力实际是对盈利能力和偿债能力的补充。如果一家公司资产运营能力低下，就很难想象它的盈利能力会有多出色。当然，运营能力高，流动性强，偿债能力也会增强。

分析运营能力还要考虑企业所处的行业，不同行业指标高低是不同的。一般来说商贸行业固定资产少、流动性强，存货周转率和应收账款周转率都比重资产的制造业要高得多。而且商贸行业经营风险高，一旦流动性受限，带来的经营风险可能是成倍的。

3. 偿债能力分析

偿债能力指企业用所掌握的资产偿还长短期债务的能力。说白了就是关键时候公司有没有钱来还债。主要指标有流动比率、速动比率、利息保障倍数、资产负债率、产权比率等。通常债权人会比较关注这些指标，但不会过于依赖它们，一家公司的偿债能力取决于它的盈利能力，只要它能赚到钱，晚几天还钱又何妨。有时候偿债能力也能说明盈利能力，一家长期盈利的公司却负债累累，债主屡屡上门催债说明什么问题：要么公司扩张过快，资产管理失控，更大的可能是公司盈利是做出来的，都是纸面上的东西。

偿债能力有一个缺陷，就是无法分析报表之外的因素。国内上市公司中有不少ST股的资不抵债公司，有的已经停产只剩几个留守人员了，可并不妨碍这类公司股价高涨，不仅不破产、不清算，连退市的都没有几个。像这种理论上已经宣告无可救药，但现实中仍存活的公司还有不少，只能说是资本市场的乱象了。

4. 发展能力分析

发展能力又叫成长能力，指企业通过自身的生产经营活动积累形成的发展潜能，反映了企业未来的发展前景。主要指标有营业收入增长率、资本保值增值率、总资产增长率、营业利润增长率等。收入增长、利润增长的原因有很多，我们要分清这种增长是企业自身盈利能力上升所致还是股东扩大投入所致，前者当然没问题，后者就不能简单判断该公司发展能力一定增强。

发展能力分析最大的问题是它想用过去已经发生的事件证明未来也

会发生。过去几年收入利润高增长，就可以说明未来也一定会保持这种高增长趋势吗？100 万元的利润增长 10% 也就是 10 万，但 1 亿元的利润增长 10% 就要有 1 000 万元的绝对额增长。判断企业的发展能力可以运用一定的指标，更重要的是紧密结合企业的实际经营状况和对未来市场环境的分析判断。

5. 财务综合分析

通常所说的财务综合分析就是将企业盈利能力、运营能力、偿债能力和发展能力等方面的分析纳入一个有机的分析系统之中，对企业财务状况、经营状况进行全面的解剖和分析，从而对企业经济效益做出较为准确的评价与判断。常用的综合分析方法有杜邦分析法和沃尔比重评分法。进行综合分析要求我们用于分析评价的指标要全面真实，主次分明，从不同角度、不同层次反映情况、发现问题。

最后要提醒的一点是，就数字论数字是不完整的分析，我们不能仅仅局限于财务报表，很难想象基于一份假报表分析出来的东西能有多大价值。财务数据是否可靠，管理层的能力与稳定性，行业的发展前景，市场大环境的变化都会影响财务分析报告的质量。只有关注报表以外的状况才能避免干扰，得出客观公正的评价。

四　影响财务分析报告质量的几个因素

1. 因经验不足而对企业做出错误判断

经验不足并不单指能力不够，可能一位刚毕业的会计硕士写出的财务分析报告还不如一位工作十几年的老会计。这很正常，可能是经验不足问题，将书上学来的管理知识运用到实践中，会出现水土不服的现象，这就是经验积累不足所致。老会计在一家企业工作十多年，对企业的文化、领导的做事风格都一清二楚，写出来的东西就会更切合实际一些。写财务分析时我们要力求客观，但实质上这还是一个主观判断的产物，知识积累不够、工作经验欠缺、业务信息收集不完整等等，都会影响我们的判断。

所以我经常建议写财务分析工作最好是兼职人员来做（仅限于国内企业，大型跨国公司另有需求，属特例），大一点的公司找平时从事财务管理工作的人，比如做报表编制、预算管理、内控管理的人都可以。小一点的公司由主管会计、财务经理自己动手也没问题。这类人在日常的管理工作中已经了解企业的基本情况，发现了一些问题，写财务分析通常能做到有的放矢。

2. 客观环境的变化会影响分析报告的使用价值

有的公司管理层要求财务人员每个月都要提交一份财务分析报告。我认为应结合客观实际来确定是否有这个必要。大多数行业的生产经营都受到季节性的影响，某个月销售情况好转，某个月销售情况低迷都有可能是季节性因素所致。生产也有周期性，如果我们仔细研究就会发现，通常上市公司四季度的盈利情况都比一季度要好，这是因为一季度是一年生产经营的开始阶段，以发货、铺货、打通渠道为主要目标，未到决算期业绩当然要差一些。到了四季度就是一年中的决战期，能不能完成业绩拿到年终奖就看这一阶段了，这时所有人都以冲业绩、冲任务为主要目标，业绩当然会好一些。这些场外因素都会对会计信息产生影响，所以每个月都写财务分析报告范围过窄，不见得能反映出真实的经营状况。当然，基本的管理报表是要提供的，这类报表应该以生产经营的数据为主，财务指标提供几个关键数据就可以了。我个人的看法是，财务分析报告每季度编写一次，而且每个季度的侧重点应该不同。一季度是一年的起点，主要关注生产经营活动是否正常有序；二季度的半年报是重点，可以说半年度的财务分析报告重要性不亚于年度分析报告，它起到了承上启下的重要作用，总结上半年成果，发现上半年经营过程存在的问题，提示管理层到下半年去解决；三季度分析侧重点应向任务完成进度转移，能否完成预算指标，如果不能，原因是什么，四季度还有没有机会完成等等。四季度也就是年度分析报告当然是重头戏，有的企业可能一年就编制一次财务分析报告，力求完整、面面俱到是年度分析报告的特点。

3. 财务信息失真，分析就无从谈起

曾经有位公司财务总监说："我公司半年度的财务报表都没有分析的价值。"这句话的意思是说，为了完成上级任务指标，比如时间过半、任务过半之类的要求，他会把一些不应确认的收入提前确认，已经发生的费用放到下半年入账。因为半年度财务报告通常不会经会计师事务所审计，所以很难及时发现。在这种情况下，做出的财务分析质量可想而知。

从企业内部管理的角度看，财务分析是一系列管理手段的组成部分，财务分析的同时，其他的管理手段也要跟上，平时要培养财务人员的能力，以便能够及时发挥内部审计的作用，年终考核要严格，各种管理手段相互配合，财务信息质量才有保障。至于外部投资人，我的建议是：上市公司年报的可靠性最高，因为经外部审计鉴证，有可信度；半

年报因为信息完整度和年报不相上下，相对可靠；一季报和三季报相比，三季报的可靠性大于一季报，因为一年即将结束，如果业绩有大幅变动，企业管理层也大概心中有数了，这时三季报可能会有所反映。

小结

最后总结一下，财务分析的应用范围主要有两个方面，一是企业内部，管理层需要通过财务分析更清楚明白地了解企业的经营状况，从而更有效地布置战略，做出决策。这是财务分析最主要的用途。还有一种情况是企业对外投资时，尤其是企业并购时，需要通过分析了解被收购企业的真正价值和潜在的风险。

在企业外部，财务分析的应用范围更广一些。银行、证券公司、投资银行、私募基金等金融企业在为企业提供金融产品时都会做一定程度的财务分析，主要分析企业的偿债能力和盈利能力，以便做出投资决策。

总之，财务分析就像一个参谋，主要功能就是为管理层出谋划策，为企业决策提供参考资料。企业的财务人员要做好这个参谋才能真正踏入管理工作的门槛，在财务工作的道路上走得更远一些。

第 14 章 内部控制

通过制约和调节让企业经营更加高效

一 什么是内部控制

内部控制是在一定环境下，单位为了提高经营效率，充分有效地获得和使用各种资源，达到既定管理目标，而在组织内部实施的各种制约和调节的组织、计划、程序和方法。内部控制的目标与企业的经营发展战略是一致的，过去狭义的理解就是为了防止舞弊、保障企业资产安全，会计的监督控制、不兼容岗位的分离与相互牵制都是内控的一部分。经过几十年的发展，现在的内部控制含义更加丰富，比如规范流程促进企业经营效率的提高，监督各部门运营，防范企业风险，以及保证企业合法合规经营等等。通过这一系列举措，保障企业管理顺畅，生产经营安全合规，从而提高效率，促进企业目标的实现是内部控制的作用，可以说每一个企业都有内部控制，它贯穿于企业经营活动的各个方面，但有的企业管理得好，控制有效；有的企业管理存在薄弱点，控制难度大。不能说内控的失效企业一定会经营失败，但有效的内控机制在降低内外部经营风险，保障企业资产安全方面能够起到决定性的作用。

内部控制有五大要素：内部环境、风险评估、控制活动、信息与沟通、内部监督。其中内部环境是控制的基础，风险评估与控制活动是重要的环节和手段，信息与沟通是必要的条件，内部监督是不可缺少的重要保证。下面我将着重对这五大要素一一进行解读。

1. 内部环境

内部环境是内部控制的基础，它包括治理结构、机构设置及权责分配、内部审计、人力资源政策、企业文化和法律环境等。

我国上市公司的治理结构和机构设置都是按公司法来的，基本都一样。股东大会是公司最高机构，董事会是内控管理的核心，监事会对董事会进行监督，管理层是内控的执行者。法规设计的不同层级机构掌握不同的权力和责任，相互控制的设想很好，但现实中如果不出现特别重大的事件（比如公司退市，重大并购之类），股东大会基本上是不召开的，因为董事会里的董事们代表股东议事，有什么问题或矛盾在董事会上已经反映过了。虽然监事会对董事会行使监督权，但监事们要么是股东代表，要么是企业员工，前者的权力主要在董事会中行使，后者代表了管理层的意识，很难说监事会能真正发挥多大的职能。所以上市公司治理结构的核心是董事会和管理层，一旦董事会和管理层都被一方所控制，就会给内控留下隐患（这些年上市公司大股东侵占小股东利益的事件频发，很能说明这方面的问题）。

这里的内部审计不仅要求企业设置独立的审计部门，还规定了内审工作的范围：在经营层面要起到查错防弊的职能；在管理方面要提供有建设性的意见，为企业改善经营管理服务；要对内部控制体系进行检查，发现内部控制的缺陷并提出改进意见。

再好的制度也要靠人来执行，所以良好的人力资源政策对企业的持续发展至关重要。人力资源政策的内容归纳起来不过以下几个方面：人员的聘用与辞退；员工的薪酬与考核；员工岗位的调整与轮换等等，一般企业会设计适合自身发展需要的人力资源政策，但能否很好地贯彻与执行就很难说了，这里要强调很多企业都会忽略的一条：关键岗位员工的强制休假制度。有些关键岗位很难找到合适的人进行轮岗，但一个人长期在关键岗位工作又容易出现问题，这时可以考虑推行强制休假制度，这里的强制休假主要不是为了给员工发福利，而是执行内控的需要。

一说到企业文化就会给人以假大空的印象，实际上只要是企业就会有企业文化，它代表了企业的个性和行为方式。人的性格有好有坏，企业文化也是一样，积极向上的企业文化有利于员工树立现代企业管理理念，强化风险意识。有经营风险就会有法律风险，企业应当对员工加强法制教育，培养法制观念，防范法律风险。

2. 风险评估

所谓风险评估，是要求企业准确识别并控制与目标相关的内部风险和外部风险，并确定企业的风险承受能力。对企业来说，只要经营就存在风险，有内部管理失控带来的管理风险，有外部经营环境恶化带来的危机，也有国家导向变化产生的政策性风险，风险无处不在。企业首先要能分析和识别风险，应对风险也不能草木皆兵，风险管控也是有成本的，不能因为有风险就什么都不能干了，我们先找出需要重点关注的风险，并找出合适的应对策略。

企业应对风险的策略有四种：风险规避、风险降低、风险分担、风险承受。风险规避就是说这种风险太大了，超过了企业的风险承受能力，干脆放弃相关的业务。比如公司的业务员找到了一个新客户，要求给予一定的信用额度，内控人员上网一查，这个客户已被法院列入失信被执行人员名单，显然不宜合作就应立即放弃，停止合作。风险降低是指要采取措施降低风险，把风险控制在可承受范围内，这是企业最常用到的策略，比如给客户划分信用等级；要求客户提供信用担保或资产抵押等。风险分担就是找第三方分担风险，最常见的就是购买商业保险，也可以是业务分包，或是在合同上签一些有利于己方摆脱责任的条款。风险承受就是说风险在企业可承受范围内，或者权衡利弊后，出于成本考虑，不打算采取任何降低风险的措施。

3. 控制活动

所谓控制活动就是为了控制风险而采取的措施，企业为了保证政令通畅会制定一系列的政策和程序，这些措施大部分是预防性质的，比如不相容职责的分离、审批授权、财务监督、预算管理等，也有检查性的控制，对资产的日常管理与清盘，对经营成果的分析评价以及考核激励等。

预防性的控制活动存在于每一个业务流程中，目的是防止错报和舞弊现象的发生。

职责分离的目的是为了相互制约，防止员工串通舞弊。从大的方面讲，管钱不能管账，管账的不能管物，自己制单不能由自己审核，会计人员不宜兼审计方面的职能。但分离的程度是相对而不是绝对的，分离也有成本。年营业额几百万的小公司，为了控制要求、财务部必须配备三个人，还要有审计部、风控部，这显然不现实。老板让老板娘管钱管账，找个代账公司代一代账、跑一跑税，可能形式上不那么正规，但风险一样可控。还有的大公司制度完善，职能分得也很细、很合理，但还是不能完全杜绝舞弊现象。因为再好的制度也要靠人来执行，员工之间一旦相互串通，制约就会失效。

授权控制包括一般授权和特别授权，一般授权原则很简单，承担多大的责任就给予多大的权力，不要越级，不要交叉。特别授权针对的是超出常规权限，涉及金额重大的事项，所以要严格控制。特别授权有“三重一大”制度可以参考，“三重一大”制度是指重大事项决策、重要干部任免、重要项目安排、大额资金的使用，必须经集体讨论做出决定，对“三重一大”的事项实行集体决策审批的办法有利于防范重大经营风险。

财务监督是一系列财务控制的总称，包括会计政策、会计审核、财务报告以及会计资料的保管等，这些财务人员应该很熟悉了，在此就不一一说明了。

内控基本规范要求企业实施全面预算管理制度，目的是通过预算约束各部门乃至员工个人的行为，但预算控制也存在缺陷，预算制定容易，执行起来难，控制松了没有意义，控制太严又会引起业务人员的抵触情绪，限制业务人员的行为能力，影响效率。所以原则性与灵活性的掌握是预算控制的难点和要点。

检查性的控制活动目的是发现流程中可能发生的错报，预防在前，检查在后，检查性控制通常独立于业务流程之外，通过监督人员事后的检查发现问题。比如企业会计制度要求出纳以外的财务人员每月月底定期编制银行存款余额调节表；有的公司会要求每月或每季对存货进行一次清盘，每年至少对固定资产盘点一次。也有突击性的检查活动，比如对现金和有价证券突击盘点之类。

内控基本规范还要求企业建立运营情况分析制度，实施绩效考评制度。前者通过与经营目标值的对比分析，发现存在的问题并查明原因加以改进。后者是在运营分析的基础上对责任主体和企业员工的业绩进行系统的考核和评价，结果将与员工的收入挂钩，奖优罚劣。

需要特别指出的是，控制活动的大部分工作都可以交给信息系统来完成，企业只需将控制要求嵌入系统中，系统可以自动对控制环节进行监督、监控，比如审批授权可以在系统中定义，有公司规定 1 000 万以下的业务合同可授权子公司总经理签署，超过 1 000 万的业务合同需交上级公司会签。以前没有信息系统，相关制度能否落实主要依靠事后检查，有了信息化系统可以通过线上控制，做到事前预防，事中跟踪，事后发现。

4. 信息与沟通

决策是管理工作的本质，而决策的下达需要及时准确的信息支持。企业的信息传递与沟通是确保内部控制有效运行的关键。

1. 信息的收集。

信息有内外部之分，内部信息中最有用、最有价值的当然是财务信息，财务信息的形成是一套科学体系运转的结果，先把各种原始单据转换成会计元素（编制记账凭证）并记录在案（记账、结账），再把各种会计元素汇总加工成财务报表，如有需要还可以结合内部的业务信息和外部的市场信息进行分析研究，形成管理分析报告。财务信息科学严谨，企业核心的管理信息收集都应当围绕财务信息开展。此外内外部信息还有公司文件和刊物、网站邮箱、网络媒体、主管部门政策性文件、市场调查等渠道。

2. 信息的传递。

内控基本规范要求企业将内部控制相关信息在企业内部各管理层级、责任单位、业务环节之间，以及企业与外部投资者、债权人、客户、供应商、中介机构和监管部门等有关方面之间进行沟通和反馈。特别强调重要信息要及时传递给董事会、监事会。我们都知道信息传递的过程是非常重要的，要同时兼顾及时、完整、准确、安全四个方面，信息传递过程中要尽量减少人工的干预，防止信息失真。所以基本规范要求企业应充分利用信息技术促进信息的集成与共享，充分发挥信息技术在信息沟通中的作用。

5. 内部监督

内部监督指企业对内部控制建立与实施情况进行监督检查，评价内部控制的有效性，发现内部控制的缺陷，并及时加以改进。有了内部监督制度就要有专门的监督部门，一般情况当然是审计部负责，如果条件不具备，财务部或经授权的其他监督机构也可以负责。内部监督分为日常监督和专项监督。专项监督要视企业具体情况而定，如果日常监督有效，企业经营也没有出现大的变动，就可以减少专项监督，反之就要增加。

基本规范要求企业结合内部监督情况，定期对内部控制的有效性进行自我评价，出具内部控制自我评价报告。这是内部监督的重要工作，主管部门要求上市公司每年都要对内控情况进行自我评价并向公众披露。

二 实施中的主要关注点

1. 内控环境有缺陷

内控环境存在缺陷是多方面的，比如管理层没有正确认识内部控制，以为内部控制就是会计监督，即使编制了内控管理手册也是为了应付监管要求，仅仅停留在纸面上；管理机构存在缺陷，监事们只是挂个名，偶尔开个会，基本不开展工作，股东大会只是走走形式，甚至董事会也被弱化；缺少专门的内控管理部门，编制内控管理手册找事务所，自评报告也找事务所，内控管理外包化现象在上市公司中并不少见。

2. 理论与实践脱节，内控方案执行不力

大概看了一下国内上市公司的内控管理制度，制定得不能说不细致，但文字描述过多，涉及具体流程的图表比较少，很多上市公司的内控制度都是由会计师事务所协助制定的，不能很好地结合企业实际情况，最后的结果就是可操作性差，执行难以到位。

3. 管理上权责不清

内控有问题，关键在领导，管理层表面强调内控，实际有意无意忽略内控管理，现实中领导“一支笔”审批的现象普遍存在。上面权力过于集中，下面权责不清，多头管理，交叉管理，但出了问题谁也不负责。权责不清不仅影响效率、浪费资源，也不利于业绩考核。

4. 预算管理形式化严重

有的企业说是执行预算，实际上只是制定了一个经营目标，根本没有细化，或是细化的东西仅仅停留在纸面上，不具有可操作性。到了年终考核时随意调整预算，毫无严肃性。形式化的预算控制就像财务人员在自娱自乐，浪费时间又达不到控制的目的。

5. 内部审计职能没有得到发挥

内部审计的问题和外部审计差不多，都是独立性存在缺陷。外部审计是表面独立，但收费受制于人，所以底气不足。内部审计更是如此，说是对董事会负责，实际上人是公司招聘的，钱是公司发的，工资奖金拿多少也要看领导的心情，从头到尾基本上和董事会没打过交道，独立性更是无从谈起。其实独立性还是外因，内审工作最大的问题还是来自内审人员自身，很多内审人员都是会计出身，骨子里还是财务人。审计时习惯性地围绕着账目进行，业务知识不足，更不用说内部控制了。

6. 信息系统不能充分支持内控的管理要求

内控是需要成本的，规模越大，子公司越多，规则越严密，内控成本就越高，复杂的内控流程还会影响工作效率，要做到成本低、效率高，只有发展信息化一条路可走。现在很多企业的信息化系统其实是财务电算化系统，核算系统很完善，管理系统却存在诸多问题，业务与财务两张皮，业务信息与财务信息不能互联互通，发挥控制功能就更难了。

小结

如果说财务工作还带有一点技术性的话，那内部控制工作纯粹就是管理工作了。财务部门本来就自带监督管理的属性，又是公司信息的主要归口部门，财务人员参与内控管理就比其他员工具有优势。需要提醒的一点是内控工作涉及公司的方方面面，要想把内控工作做好，只会关门做账是不行的。与其他岗位不同，内控强调的是在实践中发现问题、改进流程，整个《企业内部控制基本规范》不过 6 000 多字，看再多的书不如多参与、多动手，良好的沟通能力与多方面的知识储备是做好内控工作的关键。

第 15 章　业绩考核与评价

对不同利益主体的考核目的也不尽相同

一　如何定义

企业业绩考核与评价体系是指为达到特定目的，运用特定指标，比照统一标准，采取规定方法，对经营者一定时期内的业绩做出的判断，并在此基础上给予一定激励的考评制度。对企业经营业绩进行考核与评价是管理会计工作的重要内容，在介绍之前照例要对定义进行一下解读。

首先强调一下，考核与评价是有特定目的的，具体是什么目的，要看参与考核的主考人是谁，如果是企业股东，那目的当然是股东利益最大化；如果是债权人，他们可能更关心借款期间企业利润情况，也可能仅仅关注企业资产流动性和抗风险的能力；如果是企业职工，他们最关心的是在职期间自身福利能否持续稳定增长；最后是政府，它们关心的是企业对社会的贡献度，包括对就业的贡献，对税收的贡献，对环境的贡献等等。不同的利益主体考核的目的有相同之处，也有不同之处，甚至有些地方是矛盾的。但总的来说，业绩考核主要分为两个层次，第一个层次是股东对管理层的考核，第二个层次是企业内部上级管理层对下级管理层的考核。前者要简单一点——股东追求利益最大化，有些股东（指小散股民）的要求最简单：股价涨了就满意，股价跌了就气愤。而后者就要复杂得多，涉及责任主体和责任范围的确定。

评价指标体系由评价指标、评价标准、评价方法三部分组成，考核指标要根据考核的目的和需要来确定，不同的目的要选用不同的指标。通常营业利润率、净资产收益率、资产保值增值率，以及股份公司必备的每股收益等指标都会被用到。这些指标都围绕着企业的盈利能力进行评价，也涵盖对经营者资产管理能力的评价。但这种以利润为中心的评价体系缺点也是非常明显的：1）过度依赖财务数据，而非财务信息，比如市场占有率、企业创新能力、社会贡献度等有利于企业长远发展的信息却被忽略了；2）历史数据反映的是企业过去的成败，不能体现企业未来的发展状况；3）过度强调利润会造成经营者短视行为，经营者为了完成任务可能不在意企业长远的发展，甚至要求会计人员利用专业知识调控利润。

有考评就要有激励、有奖惩，不然考评最终就会流于形式。短期的激励不外乎工资、奖金、职位的提升，优点是看得见、摸得着，有利于激发员工的工作热情。缺点是与企业短期业绩密切相关，但与公司的长期发展没有直接关系，而大股东关心的恰恰是企业的长远发展。所以现在最流行以股权（期权）激励机制为代表的长期激励机制。通过给予一定股份把核心员工的利益与公司利益紧密地联系在一起，构筑利益共同体，充分有效地发挥这些员工的积极性和创造性，从而达到公司目标。当然，股权激励也不是万能药，具体操作时还是大有学问的。有的老板很大方，公司赢利人人有份，公司一上市出纳也能身家千万，让人失去了继续努力工作的动力；更多的老板喜欢给人画饼，许诺给员工期权、红利，真实账目从不公开，赚多赚少都由他一个人说了算，没有实际意义。

二　常用的几种方法

1. 以企业为主体的考核体系

这是我们最常用到的考核体系，每年年报一出来上市公司的大小股东们都会对企业有一个评判，这其实就是一次简化版的以企业为主体的考核。更系统的是集团公司对所属子公司的考核。考核都以利润为核心目标，所以考核的指标总离不开净资产收益率、营业利润率、毛利率、成本费用率、每股收益等指标。当然也会有一些考核经营管理能力的质量指标，如应收账款周转率、存货周转率、经营净现金流量等。

作为投资者，关心利润就是关心投资回报，这当然可以理解。问题是上面这些财务数据基本都来自财务报表，一方面报表是可以粉饰的，我们很难说清楚这些浮于表面的财务指标到底有多大价值；另一方面单从会计报表我们也看不出市场环境对利润有多大影响，如果碰上行业不景气，同行都亏损了，考核对象只是业绩下滑，那么仅仅指责管理层能力不够显然是不公平的。

虽然有这样或那样的问题，以企业为主体的业绩考核制度还是被广泛应用，尤其是集团公司对子公司的考核，毕竟这是相对直观的考核方法。

2. 以责任中心为主体的考核体系

责任中心就是让责任部门根据其拥有的管理权限承担相应的经济责

任。秉承的是一种分权管理的思路，现代化企业的规模越来越大，管理层级多、管理部门多、分支机构多。高高在上的高层管理者们不可能深入每一个管理角落，只能实施谁有权谁负责的分权管理制度。

由于决策权下放，就更要加强内控管理，尤其是考核和评价管理。各责任中心的职能各有不同，有的只负责生产，不负责销售（如生产车间），有的涉及成本和收入（如销售部门），还有的权力更大，不仅有收入和成本费用，还有权对外投资（如自主权较大的分公司）。这些机构按权力和责任可以划分为成本中心、利润中心和投资中心等，有了这样的类别划分，大到分公司、分厂，小到车间、仓库，我们都可以划分出一个个责任中心，对其单独进行考核评价。

考核责任中心掌握两点就可以了，首先要分清哪些是可控的收入成本费用，哪些是不可控的。这里的可控和不可控都是相对责任中心而言的，对企业来说，所有的成本费用都是可控的，但对某个责任中心而言就不一定了，所谓权力越大责任越大，有的车间班组的可控成本很少，只控制水电、人工和原材料的消耗，机器设备的折旧就与其无关。其次要制定出内部结算价格，因为各责任中心相互之间都是独立的，为了分清责任就要按等价交换的原则，在相互之间提供产品或劳务时按照一定的价格标准进行计价结算。当然这里的计价不是真正意义上的商品买卖，只是纸面上的结算，没有现金流。

不同的责任中心考核侧重点也不同，成本中心主要负责生产，不能决定销售价格，所以它的业绩评价更注重生产效率、标准成本与实际成本的差异、预算执行情况等；利润中心有一部分经营自主权，所以要考核其可控的经营利润，主要指标有毛利、部门边际贡献和营业利润等；投资中心是层次最高的责任中心，有一定的定价权和投资决策权，所以它要对成本利润负责，还要对投资效益负责，考核一个投资中心基本和以企业为主体的考核差不多，核心指标都是围绕投资回报率展开的。

3. EVA 业绩考核评价体系

EVA 又称经济增加值，就是税后净营运利润减去投入资本的机会成本后的所得，EVA 的基本理念是让管理层站在投资者的角度进行生产经营，所以重视资本的机会成本是 EVA 的明显特征。我们假设投资者的投资是有固定回报的，以当期国债利率为基准（假设 5%）。那么企业创造的投资回报率只有超过 5% 才能保证投资者财富获得增值，否定就是财富缩水，经营失败。经济增加值考量的是资本的超额收益，不是一般意义上的净利润。

对财务人员来说，机会成本是个很容易理解的概念，经济增加值与净利润最大的不同点就是在机会成本上多次做减法，并没有解决经营者为完成目标，人为调节利润的短视行为。当然，对那些不懂财务或是明明很懂却要装作不懂的经营者，用经济增加值提醒他们一下还是很有意义的。

4. 平衡计分卡绩效考核评价体系

平衡计分卡绩效考核是从战略角度出发的考核评价体系。前面三种考核体系虽然各有优势，但缺点也很明显，就是只能评价过去，不能展望未来；只重视眼前利益，不重视长远发展；过于重视财务指标，忽视了业务数据。所以从战略层面进行绩效考核，让业绩考核的重心转向公司战略计划的执行和未来的发展，成为绩效管理的新方向。

平衡计分卡是从财务角度、客户角度、内部经营管理流程、学习和成长四个角度，将组织的战略落实为可操作的衡量指标和目标值的一种新型绩效管理体系。从定义可以看出，平衡计分卡把非财务指标考核放到与财务指标同等重要的位置，有定量评价也有定性评价，有客观评价也有主观评价。客户角度的考核指标包括市场份额、客户保持率、新客户获得率和客户满意度等；内部经营流程指标包括企业运营的改良与创新、业务流程和售后服务流程的改善等；学习和成长的目的是提醒管理者要为企业的未来投资，不能只注重眼前，不注重长远发展，要在员工能力培养和激励，授权与配合方面进行综合考量。

设想很好，但实施起来难度很大。首先，你要有一个明确具体的战略计划，而不单单是个口号；其次，还要建立一套非财务指标体系，这需要企业长期探索和总结，并根据形势和战略变化不断调整；最后的执行也是个大问题，很多指标都要依靠主观的定性判断，这要求评判者水平高、能力强，做事公正，这样的一批人花大量时间只考核工作本身就一种资源浪费，一般企业根本承担不起。

表 3–4 是一家集团公司对下属公司的年度经营业绩考核计分表，该考核表以企业为主体，以当年创造的收入和利润两项指标为核心开展考核工作，对考核对象进行打分。优点很明显，就是相对简单，直接从年报审计后的财务报表中取数，扯皮现象也会少很多。缺点比较多：①子公司之间所处行业可能不同，资源配置也不同，很难用一把尺子测量出来；②只有财务数据而没有业务数据，不能全面反映公司的经营情况；③只看过去，不管长远，管理层可以在任期内尽量粉饰财务报表，任期结束后留下一个烂摊子；④选择的财务指标不全面，某些指标的考核目标存在重复的地方，比如净资产收益率与总资产收益率，营业收现率与经营净现金流量等。

三　案例

表 3–4　所属单位 2015 年度经营业绩考核计分表

公司名称：　　　　　　　　　　　　　　　　　　　　单位：万元

考核指标名称			标准分值	本年实际值	上年实际值	本年预算值	考核系数	考核得分
			(1)	(2)	(3)	(4)	(5)	(6)=(5)×(1)
基本指标	营业收入	发展速度	10	12 000.00	11 000.00	/	1.09	10.91
		目标完成程度	7	2 000.00	/	12 700.00	0.94	6.61
		总占比	5	/	/	/	/	8.28
	利润总额	发展速度	11	1 720.00	1 700.00	/	1.01	11.13
		目标完成程度	7	1 720.00	/	1 900.00	0.91	6.34
		总占比	5	/	/	/	/	6.63
质量指标		净资产收益率	10	13%	15%	/	0.87	8.71
		总资产收益率	6	8%	8%	/	0.97	5.84
		营业利润率	10	7%	11%	/	0.67	6.72
		应收账款周转率（次）	6	12.63	8.46	/	1.30	7.80
		存货周转率（次）	6	0.89	0.99	/	0.90	5.39

（续表）

考核指标名称		标准分值	本年实际值	上年实际值	本年预算值	考核系数	考核得分
		(1)	(2)	(3)	(4)	(5)	(6)=(5)×(1)
质量指标	营业收现率	5	1.13	1.36	/	0.83	4.13
	经营净现金流量	5	980.00	1 200.00	/	0.82	4.08
	人均净利润	7	28.74	24.25	/	1.19	8.30
总计		100	/	/	/	/	100.87

说明：

1. 考核年度营业收入、营业利润、利润总额、净利润及其他相关指标，以年报审计确定的报表数结合相关单位间的内部价格结算、转移下拨的各类专项资金进行调整后，确定为考核数据；

2. 基本指标目标完成程度：完成目标得满分，未完成目标按比例扣分；

3. 利润总额、净资产收益率和营业利润率：考核年度扭亏为盈得标准分的 50%，由盈转亏不得分；

4. 应收账款周转率和存货周转率：应收账款和存货均为减值准备前账面余额；

5. 营业收现率 = 销售商品、提供劳务收到的现金 / 营业收入，按（本年实际值 / 上年实际值）× 标准分值，计算得分；

6. 经营净现金流量，按（本年实际值 / 上年实际值）× 标准分值计算得分；考核年度由负转正得标准分的 50%，由正转负不得分；

7. 除目标完成程度和总占比指标外，其他指标考核系数 1.3 封顶，超过部分不得分；

8. 总占比考虑该公司创造的收入利润在集团中所占的比重，比重越高，分值越大。

企业会不断发展，市场会不断变化，对一个企业来说永远也找不到最合适的考核体系，只能在管理中不断调整，找到一个相对适合自己的方案。

第 16 章　善用信息化管理

不善用信息化技术的财务人，只能是个小会计

一　什么是信息化管理

所谓信息化管理就是利用信息技术与先进的管理理念相融合，以信息化带动工业化，转变企业生产方式、经营方式、业务流程、传统管理方式和组织方式，最终达到重新整合企业内外部资源，提高企业效率和效益、增强企业竞争力的管理目标。从定义可以看出信息化管理涉及企业管理的方方面面，根本不是财务人员或财务部门所能左右的。但财务部门又是企业大部分信息的收集者和提供者，财务信息系统是企业信息系统的重要组成部分，也是信息控制的关键结点，所以财务人员要想提高信息质量，加强监管力度，就必须掌握一定的信息化管理知识。

二　规划与实施

我曾负责某上市公司信息化实施管理工作，有过成功的经验，也走过弯路，下面就以财务主导的视角聊聊集团公司信息化建设的思路和

方法。

1. 立足根本，明确目标

首先企业要明白，信息化不是面子工程，也不是万能的救星，信息化工程最终只是个管理手段和管理工具，可以锦上添花，快速提高企业管理水平，但不能脱离企业实际。所以信息化工程的建设与发展要做好两个结合：一是与企业管理水平相结合，二是与企业业务类型相结合。管理水平较弱就不要指望一步到位，比如以前公司就没有正经做过预算管理，那全面预算的模块暂时就不要使用。企业是多元化集团，引进系统时就要注意兼容性，寻找开放性强的系统。

调查清企业实际情况，下一步就是明确目标。目标可以分成战略和战术两个层级，战略目标可以定得大一点，时间也可以长一点，五年或十年规划都可以。战略目标的目的是为企业指明方向，少走弯路。战术目标就要定得细致，可操作性强，具体到每一年、每一个月要做什么，都要有详细计划。所以战术目标的制定者一定要了解企业经营和管理情况，信息化系统最终收效甚微甚至失败，一般都是制定计划时脱离实际所致。

2. 从上至下，先易后难

信息化建设必须是一把手工程，强有力的领导支持是前提。因为信息化系统工程涉及各公司所有部门、所有人员，没有领导大力推动根本无法进行。具体实施时也要自上而下地规划和推进，如果从下级公司开始，最后归集的信息就会五花八门，无法使用。

3. 总体规划，分步实施

对于多元化的集团公司，规划时我们的第一目标是加强集团的集中管控能力，具体步骤是：

（1）先上总账系统，这是基础，先把所有公司的科目、主要账务处理方法、报表模版先统一，这样信息才方便归集和使用。

（2）再上资金系统，资金是企业的血液，也是核心资源，先把资金管理好，通过资金系统还可以归集所属单位资金，集中调度使用，实现效益最大化。

（3）合同管理，以前公司有大额合同管理制度，重大合同要经过审批，而下属单位上报时可能滞后甚至不报批，通过合同管理可以及时掌握下属公司经营动态，如果不报批，系统也可以加以控制（未经审批的合同资金系统可以控制使其无法对外支付）。

（4）客商管理，有两个重要功能，一是通过客商管理系统对客商进行分级管理，哪些客商是 A 级的，可以授信，哪些客商是 B 级的，只能现货现款，通过系统都能加以控制，从而把控经营风险；二是通过客商管理与资金管理相结合，实现集中采购，比如可以指定几个客商为集团战略供应商，要求所属单位只能在这几家公司采购，在其他供应商处采购的，资金无法支付，通过集中采购，提高议价能力，降低舞弊风险。

（5）预算管理，也可以与总账系统结合发挥作用，超预算的支出，凭证无法生成（这是初级阶段，最好的管控是与供应链系统相结合）。

（6）人力资源管理，与总账、预算、资金系统相结合，所属单位员工的调动、升降、进出都要经过上级审批，未经审批，工资无法发放，通过人力资源系统，可以最大限度地把人力资源管理好。

4. 用好人，用对人

信息化建设说起来容易做起来难，工作习惯一旦固化，想改变就很难了，实施起来阻力会很大。所以用对人很重要。上面要有懂行、懂管理的领导支持。中间要有负责能干的中层执行，下面要有一批管理员及时提交改进建议。这里要特别强调的一点是，软件商的执行人员也很重要，现在的用友、金蝶等国内大的软件商都存在人才流失太快的问题，缺少懂技术又懂管理的执行人员，无法提供更多经验。一个优秀的执行人员对信息化工程意义重大。

5. 做好个性化开发

信息化建设面临的最大问题就是标准化的软件功能不能完全符合自己的需求，而完全定制开发的项目成本太高、周期太长、风险太大，而且若开发者能力不足可能还不如标准化的产品。所以个性化开发是相对经济的选择。所谓个性化就是结合企业的实际情况进行开发，这时要注意的是开发不能太随意，一要符合内控要求，二要符合系统要求。

6. 推进业务、财务一体化，做好风险控制

信息化工程最大的难点就是业务、财务一体化，信息化建设失败的原因一般都在这里。因为所谓一体化其实指的是信息一体化，业务信息与财务信息按说是互联互通的，财务信息来自业务信息，脱离业务论财务是无本之木；业务信息需要转化成财务语言，才能让管理层更好地利用和掌握。我相信大多数企业的业务信息与财务信息都存在不一致的现象，有时是及时性问题，有时就是管理问题，如果差距较大会影响信息披露的真实性，还会影响管理层的判断，进而产生经营风险。

业务、财务一体化就是把业务信息与财务信息打通，业务信息无障

碍地自动转化成财务信息，中间不得有人为的干预，这也是内部控制的基本要求。一体化的过程需要财务部门与业务部门共同推进业务流程的标准化、规范化、信息化。所以说一体化是一个流程再造的过程。实施人员只精通业务是不够的，还要有良好的沟通能力和管理能力。业务人员希望获得最大程度的自由，财务人员则希望按流程走，这是矛盾的。怎么平衡就全靠执行人员的智慧了。

最后，我们来谈一谈财务还是以业务为核心的问题。

其实这是个无解的问题，作为财务人员当然想以财务为核心，这样工作起来很方便，目前的国内主流软件商就是从财务角度做产品，因为一家公司的信息化往往就是从财务软件开始的，有了基础再推其他模块就会方便得多。可企业的核心永远是业务，如果业务需求得不到满足，增加实施阻力是小事，影响经营管理就麻烦了。所以以哪个为核心还是要根据企业实际情况来定，对于多元化的集团公司来说，我个人建议还是以财务核心，可以最大限度发挥集中管控的功能。如果是产品比较单一或者单体公司，可以先从供应链开始，业务优先。

通过几年的信息管理，我发现信息化建设对所有人尤其是财务人员能力的提高与发展提供了一个极好的机遇，建议财务人员积极参与和推动企业的信息化进程，通过信息化进程，了解企业管理流程，提高管理经验和水平，最后提升自身价值。

第 17 章 审计工作

对企业病症的综合治理

一 内部审计

1. 内部审计的定义

内部审计不仅是现实资产的守护者、财务报表的复核者、会计核算的勾稽者，更是强化管理的促进者、提高效能的推动者、价值增值的促导者。内部审计必须以“强管理、防风险、促发展”为己任，积极探索以“风险为导向、控制为主线、治理为核心、发展为目标”的管理审计和绩效审计，积极探索以“事前审计为基础、事中审计为重点、事后审计为保障的”的审计模式。这段话是国家审计署审计长刘家义关于内部审计工作提出的建议和要求。

国际内部审计师协会给出的最新定义：内部审计是一种独立、客观的确认和咨询活动，旨在增加价值和改善组织的运营。它通过应用系统的、规范的方法，评价并改善风险管理、控制及治理过程的效果，帮助组织实现其目标。从定义上可以看出内部审计的目的是帮助企业实现经营目标。和外部审计相似，内审做的也是鉴证和咨询工作，不同的是外部审计提供的是中介服务，服务对象不固定，谁委托就为谁服务；内部审计的服务对象是固定的，作为企业的常设机构，它要持续地为企业问诊把脉，发现问题，解决问题。

2. 内部审计的工作内容和方向

很多企业内部审计的工作主要分两类，一类是常规性的，以会计准则和公司规范为准绳，查错纠弊；另一类是非常规的专项审计，比如针对费用支出是否合规的期间费用审计，针对存货管理、往来款管理、固定资产管理合理性的资产管理审计，针对下属企业业绩考评的绩效审计等。自从国家发布《企业内部控制基本规范》以来，内部审计的职能正在发生转变，从单纯的财务收支检查转向提供管理咨询服务，从事后审计转向全过程审计，从查错纠弊转向内控评价和风险评估。具体的审计方向有以下几种：

1. 风险导向审计

风险导向审计最早是由中介审计机构提出的，即“从被审计单位经营风险入手进行审计”。它基于如下理论：审计风险主要来源于企业财务报告的重大错报风险，而错报风险主要来源于整个企业的经营风险和舞弊风险。反过来说，企业的经营风险和舞弊风险小而可控，那么错报风险本身也会降低。现在很多大型集团公司规模不断扩大，经营环境复杂多变，内审工作也在推行风险导向审计。

2. IT 审计（信息系统审计）

信息系统的正常运行已成为很多大中型企业正常运营的基本条件，因为信息系统是内部控制的重要手段，它在提升企业核心竞争力的同时，又起到防范经营风险的作用。企业的业务流程对信息系统的依赖程度正在日益扩大，所以信息系统审计也越来越得到企业管理层的重视。

信息系统审计要求审计人员对计算机技术有一定了解，审计工作还是要围绕着内控管理进行。大的方面要检查信息系统整体控制是否有效，基础设施是否完备，信息安全是否有保障等等，具体要关注业务流程中嵌入信息系统相关控制的有效性，以保证信息处理的完整性、准确性、有效性和访问控制。系统控制包括数据控制（数据流转的一致性，不得随意更改）、业务流程控制（事项的分级授权与审批）、接口控制（串联起各环节、各部门，让信息自动流转）等等。

3. 内部控制审计

内部控制审计就是确认、评价企业内部控制有效性的过程，包括确认和评价企业控制设计和控制运行缺陷和缺陷等级，分析缺陷形成原因，提出改进内部控制建议。2008 年 5 月，财政部等五部委联合发布了《企业内部控制基本规范》，随后又发布了《企业内部控制配套指引》，2012 年 1 月 1 日起，证监会要求 A 股主板上市公司开始施行，并开展内部控制自我评估，在披露年报时同时披露内部控制自我评估报告。自此内部控制审计成为上市公司审计部门的一项重要工作。

年报审计与内控审计的目标有很大不同，前者是对企业的财务报表发表审计意见，告诉我们过去某一个时点的企业资产是否安全；后者更多是在评价企业管理这些资产的能力，告诉我们能否放心把资产交给现在的管理层去管理。由于是强制性的，目前国内上市公司内部控制体系建设发展很快，每年都会开展内部控制审计工作，但问题同样不少。管理层往往在内部控制建设时投入了很大热情，但后期执行力不强。由于内部控制专业人才储备不足，实际上很多上市公司的内控审计是委托会计师事务所负责的，少数企业的内部控制自我评价甚至由财务部、董事长秘书完成。仅仅为了满足监管要求而进行的内控工作在上市公司中并不少见。虽然存在这样那样的问题，企业规避风险、提高持续健康发展能力的需求是客观存在的，内控审计在内审工作中的分量将会越来越高。

二　外部审计

有不少人问过我：上市公司为什么每年都要审计，审计时十几个人，一来就是两三个月，算长驻了吧？天天到底在干什么？

任何事情都是有目的性的，审计是一种中介服务，所以审计做什么事与它为谁服务、提供什么样的服务有关（以下回答主要以上市公司年报审计为例，非上市公司仅供参考）。

审计为谁服务

1. 为公众服务，为股东服务

说是为股东服务，其实是为小股东服务，大股东一般都参与经营管理，是双重身份，不能简单被视为股东。小股东平时不参与上市公司管理，每年就开一次股东大会，一次会议又能发挥什么作用？大股东主导公司经营活动，可以通过各种方式利用公司资源为自己服务，说白一点就是侵占小股东利益。举个例子：大股东有家全资子公司，生产一台机器在市场上销售毛利是 2 000 元，而卖给上市公司（就是大股东的控股公司，假设控股 51%，实际可能 30%~40% 就可以了）毛利是 4 000 元，通过这笔关联交易，上市公司损失了 2 000 元，表面上是大股东和小股东各损失一半，实际上大股东通过全资子公司，净赚 2 000 元，扣掉上市部分的损失，还赚了 1 000 元，大股东赚的就是小股东亏的。

所以每年年报审计有一项重要内容就是检查有无关联交易，交易价格是否公允，这项工作的主要目的就是为了维护小股东利益不被侵占！

2. 为管理层服务

有人会奇怪：大股东一般就是董事长，能干的还会兼总经理，手下财务人员都是自己任命的，大公司还会内设审计部，这种情况下做出来的报表完全按老板意思来，还会有什么问题？还需要审计报告干什么？

如果说为股东出报告是普惠性质的，那为管理层审计就是增值服务了。事务所可以为企业提供增值服务的核心就是查错防弊。通过审计可以发现员工有无营私舞弊行为，生产经营过程有什么薄弱环节以及管理中有什么漏洞，进而提出改进的意见和建议，促使企业改善内部管理，提高经济效益。一家上市公司通常规模都较大，下属二三级甚至五级公司都不少见，监管不到位并不奇怪。审计对下属职工也是一种警示。

3. 为财务人员服务

外行人会以为审计就是审财务，所以审计与财务是对立关系。其实这是一种误解。审计和会计实际上是互助关系，会计账做得差，审计工作量就大，会计账做得好，审计就轻松。反过来，审计也可以帮助会计，财务人员最大的苦恼就是老板不理解，可能出现逃税、非法调节利润、虚报费用、隐瞒损失、合同欺诈等行为在老板或其他员工看来，这都是会计一支笔的事，而带来的风险是财务人员乃至整个公司都无法承受的。身为员工，财务有时是扛不住的，影响同事关系事小，把老板惹生气了，工作就保不住了，这时财务人员就可以把审计推出来当挡箭牌。平时就一句话：审计不同意！

年报时，财务人员也可以和审计人员做好互动，管理中有什么不能提的建议都可以通过审计提出来。审计所是中介机构，人员也是相对独立的，今年在这家审，明年就不一定了，不怕得罪人，身份独立，说出来的话也有人听。审计警示风险，财务的工作就好开展！

审计报告的对象与内容

年报审计的对象是企业的财务报告，即“四表一注”，资产负债表、损益表、现金流量表、所有者权益变动表和会计报表附注。年报审计本质上是中介机构为企业所有者提供的一种鉴证服务，即注册会计师在实施必要的审计程序后对财务报表合法性和公允性发表审计意见，并出具书面的审计报告。

审计报告的内容不多，一般只有一页纸，主要内容有两部分，第一部分是说明责任的，关于财务报告管理层的责任是什么，审计师的责任是什么，核心意思是告诉报告使用人：财务报表是企业编制的，出了事第一责任人是企业管理层。会计师的责任是对财务报表发表审计意见，注意是对财务报表而不是会计处理发表意见，所以报表出现重大误报，审计师没有发现是有责任的，账务处理有点小错就找不到审计师了。我经常听到有会计抱怨：去年有笔费用支出没有附发票就记账了，审计也没发现，真没用！这就是明显的本末倒置，做错事的会计，罪名却让审计承担了。审计是为企业股东服务的，只要报表列出的数字没有让股东产生误判，审计的目的就达到了。

第二部分是意见段，审计报告的意见主要有以下五种类型。

1. 无保留意见

最标准的意见类型。说明报表没有大问题，绝大多数上市公司的审计报告都是无保留的，很多人以此判断注册会计师有问题、不中立，其实这是不了解年报审计工作。前面说过审计报告是对附在报告之后的财务报表发表意见，注意是附在审计报告之后的报表，这几张报表经过审计已不是企业提供的最初版本了。某上市公司未经审计的报表当年可能是盈利几百万元，审计后，报表的净利润变成了负数，你还能说这里没有审计师的付出吗？

2. 保留意见

出现保留意见一般都是出了大问题的，否则早在报表里做调整了，只有审计师与企业管理层博弈失败的情况下，才会出现保留意见的审计报告。保留意见的潜台词是：这家公司问题不小，但碍于面子，我们提出了保留意见，报表上的数字最好不要盲目相信。

3. 否定意见

这是公开撕破脸了，说明事务所与企业已彻底谈崩，审计意见是：我们不仅对财务报表有意见，对这个企业的管理者也有意见！

4. 无法表示意见

无法表示意见是个很有意思的表达，表面上是说事务所是中介服务机构，没有执法权，如果企业不配合审计工作，工作就无法开展，在审计范围受限、无法实施实质性程序、获得必要的审计证据的情况下，审计师会发表无法表示意见的报告。实际上大家都明白，无法表示意见基本和否定意见差不多。

5. 带强调事项段的无保留意见

所谓强调事项就是要提醒投资者注意，这里很可能有问题。在我国，审计报告带强调事项段的几乎可以等同于保留甚至否定意见了。

审计具体审什么

初到一家被审单位，很多新人拿起报表往往有一种无从下手的感觉。审计到底审什么呢？这时要看进行的是什么类型的审计工作，有的是经济责任审计（又叫离任审计），审计的目标是要核实被审对象任期内资产的保值增值情况，所以要从核实期初、期末资产开始；有的是专项审计，一开始目的就很明确，有核查领导收入兑现情况的，有核查固定资产使用状况的，还有核查客商往来款管理情况的。

最难也是最容易的是年报审计工作，说它难是因为目的不是很明确，委托方会说：什么都可以查，我们全力配合你们工作！可这么说工作范围就大了，责任和压力也大了许多。说它容易也容易，有审计师不管客户需要什么，只负责把自己的底稿做好就行，最后强调会计责任和审计责任，意思是说提供假账、假材料是被审计单位的问题，与审计人员无关。这么说当然是错误的，委托方花了大把银子找人审计，当然不想只拿一份无保留意见的审计报告。投资者想知道公司经营者有没有认真负责地做事，经营者也想知道自己的经营管理是否存在问题、缺陷。所以年报审计虽然每年都要做，但还要认真负责地做，时间有限，不一定面面俱到，总要抓住几个重点。

1. 审资产

所谓审资产就是要确保企业管理的资产安全完整，这里的资产主要指存货、应收账款、金融资产、无形资产、固定资产等，存货会通过盘点的手段，查有无潜亏；应收账款就要发函，看对方是否确认；金融资产要看协议和合同，必要时也要发函；固定资产可能只是抽盘。这些手段只是表象，背后还有一系列的审计程序要走。最终目的是看账实是否相符，是否有未被发现的亏损状况（当然，也会关注潜在的盈利，但相对而言不是重点）。

2. 审负债

与资产不同，年报审计在审资产时侧重点是报表里列示的资产是否真实存在，价值是否公允，关注点是表内。审负债时侧重点是除了报表中列示的，还有没有潜在的负债，关注点在表外。比如借款，要防止企业在外有借款，为了报表好看而没有列示出来，还有应付职工薪酬，有没有应提未提的工资奖金，这直接关系到当期利润的真实性。

3. 审收入利润

上市前应符合一定条件，所以要进行包装，把收入利润做出来；上市后该做的还得做，主管部门有任务，股东要回报，银行要借款，还可能要再融资等等，这时一份漂亮的业绩报表是有必要的。审计任务就是把这里的水分挤出来。

4. 审内控管理

审计报告中明确要求审计师要对企业内部控制进行评估。大的公司，不可能一张凭证一张凭证地去看（其实一张张看很难看出来什么问题），审内控就是从大的角度把握舞弊存在的概率有多大，从而决定下一步的工作方向。同时内控管理的好坏也直接影响企业管理的水平，对企业的经营管理和风险防控也很重要。

5. 审关联交易、募集资金使用、或有事项等

大股东资金占用会损害小股东利益，要查；募集资金使用要符合证监会要求，不符合要求也要查；或有事项就是看报表以外有没有风险，比如诉讼、担保等可能给企业带来损失的，审计也要给出合理的判断。

最后谈一谈审计收费的问题，审计收费直接影响了审计的独立性，目前所有公司的审计费都由公司自己出，与自身利益相关，所以审计师难免要承担一定压力（主要来自事务所），影响了独立性，这是客观情况。但不是说审计报告就不可信了，上市公司也不能随意更换事务所（更换的话要发公告说明原因），一旦确定由某家事务所主审后，上市公司与事务所之间就形成了一种相互制衡的关系，事务所为了收费，会在一些问题上对上市公司让步（比如税收、潜盈、小的潜亏等），同样，上市公司也会对事务所让步。这时双方会找到一个平衡点，只要双方都能接受，这份报告就能出来。

每年年报都会有很多故事，但依我所见，投资者完全不必过于关注

背后的故事，真正想投资，审计报告、财务报表只是一个方面，或者说只是冰山一角。我们更应该关注“冰山在水面以下”的部分，看企业或团队的管理水平，看企业资产规模及盈利水平、看企业所在行业的发展水平和产业政策。所有这些情况都掌握了，对投资的风险才能做到可控。

三　内审与外审的区别

外审，尤其是年报审计，在所有审计种类里压力是最小的，却并不轻松，年报审计时间短，任务重，经常加班出报告，但这种现象不是由客户导致的，而是由事务所体制决定的，因为年报期过于集中，导致一年中大部分工作量要在短短四个月内全部完成，为了赚到更多的钱，事务所要求审计师多接业务，并且要在 1~4 月全部完成，于是走形式、不重实质的情况普遍存在，导致年报审计质量下降现象严重。

为什么年报审计质量低，而客户仍觉得无所谓？因为客户要求年报审计的重要目的只是拿到审计报告，而不要求审查问题，只是为了走形式、拿报告，这决定了年报审计压力小、质量差（真出现问题也事不关己，可以推到以前年度，任何一家出事的公司都是长期存在问题，最终在一个时点爆发而已，很难说是某一年年报审计的责任）。

那么内外部审计处理问题的方法有什么不同？主要有两点不同之处。

身份不同：一个单位外的人，照章办事，办完事走人；一个是企业内部职能部门，有具体岗位和相应责任，除了问题处理得好坏，还要考虑评价问题。

目标不同：外部审计都是有项目的，一个项目一个目标，好像治病，头痛医头，脚痛医脚，至于头痛、脚痛的深层次原因是什么，外部审计是不关心的。内部审计也有项目，但追求长期性，有点像中医治疾，要求综合治理，挖掘深层次的管理问题（事实上由于管理层不重视等各种原因，很少有内审能达到这种目标）。

前面关于外审方面的工作已回答了不少，这里主要聊聊我理解的内审。

长期困扰很多内审人员的问题是：公司其他部门的同事总认为内审就是找茬的，管得太多就会产生对立情绪，沟通变得很困难；管得少了领导不满意，认为内审怕得罪人，不敢做事。我认为这里有内审人员自身的问题，查错防弊是内审工作的一项重要内容，找问题固然没错，但也要看是哪方面的问题。一笔账用于长期投资还是可供出售金额资产其实无所谓，很多财务专家也想搞清楚，准则还在一直调整。只要记住这两个科目都是非流动资产就可以了；一笔费用是记在 2015 年还是 2014 年其实也不重要，只要金额不大，又在预算内，无关紧要；如果金额大了，超预算了，也可以坐下谈一谈，定个规则，保持一贯性，让管理层自己去判断，本身就存在争议，内审不必当这个恶人。

内审人员不能只将工作重点放在审查企业的合规性上，评价内控和管理，而应该主动发现问题，改善内控和管理，最终促进管理目标实现！看起来目标有点假大空，实际操作并不难，内审人员应该带着这样的目标去工作，并非不用去发现小问题，关键是小问题的解决方案要为大目标服务。

内审工作可以分成两种：可量化的和不可量化的。比如，通过审计工作，发现下属公司有人合谋侵占公司财产，为公司挽回损失，这是可以量化的。对进销存管理流程进行梳理，检查相关管理制度是否得到切实执行，这是无法量化的。无法量化的工作相当于对企业做一次体检，起到了日常预防的作用，同样可以创造价值。

当然，仅靠内审人员自己努力进取，管理层不支持也是白搭，其实内审岗位在企业所有岗位里是比较难做的，就好像年报审计是为了出一份报告。内审岗位有时也是为内控要求设置的，也算个面子岗位，很多企业根本不重视。有的企业设内审岗就是指望他去得罪人，有什么人不好处理，有什么事领导不好出面，都让内审来处理，借口说是内控、程序的问题，其实就是领导的意思。这种公司里的内审相当难做，听领导的，净得罪人，成为众矢之的，时间长了，根本干不下去，白白成了牺牲品；不听领导的，一件事也干不成，把自己的前程荒废了。

那应当做什么样的内审？要从自身做起，要有大格局，利用自身优势，多了解企业和内控，从内控和风险管理入手，不要老盯着财务，就那么几个科目，那么多人研究，太浪费资源了！要多研究业务，如果能发现流程上的缺陷，为企业挽回损失，老板自然就重视你！

举个例子：我认识的一个朋友，之前在公司不太受重视，但他对ERP系统很感兴趣，对内控建设也有一点心得。后来他被下派到控股子公司当个中层管理者。但他抓住这个机会把子公司的ERP系统进行了梳理，把内控也顺带完善了，当年就为企业挽回了50万的损失，从此该公司老板对他另眼相看，没几年就被提拔成了公司副总。其实此人不是内审，不过是平时有心，肯钻研而已，相比之下，内审工作在这方面其实更有优势。

当然，有的公司本身不大，设置内审岗位就是应付上面的检查，你再努力，先天条件不足也没用，这种情况要么换岗，要么走人！

第 4 部分

财务提升

多专多能、三头六臂的财务人，
是企业的心头好

前面所讲的都是做个优秀的财务人员需要做哪些准备，但很多人的职业目标不仅仅是当个好财务人员，他们对自己还有更高的要求，比如在世界 500 强企业当个 CFO（首席财务官）。那我只能说声抱歉，我已经帮不了太多了，因为这也是我的职业目标。如果你的目标没那么远大，那下面的内容还是值得一看的，虽然不成系统，但也算一家之言吧。

第 18 章　新形势下的财务思维

多专多能才是财务人的发展方向

现在全世界都在谈互联网思维，就是传统行业龙头老大也要与互联网 + 产生联系，不然就会让潮流淹没。这种观点是否过激，在此不做讨论，可以留给时间去检验。在新形势下，财务人也要有新思维、新思路，若仅仅停留在以前，做得再好也是不够。

一　会计核算将不再是财务部门的工作重点，一专多能甚至多专多能才是财务人的发展方向

信息化技术正在取代传统的会计核算，甚至更多的会计职能。通过网络技术，代理记账公司的一个会计可以代理 150~300 家公司的账目，这意味着 150~300 个会计核算岗位消失了。这比机器人取代产业工人的速度还要快。这就是科技进步的力量！

可能有人会说，会计还有监督的职能，代理记账公司不可能履行这样的职能，所以大中型公司还是需要会计的。目前来看，这样说是对的，不远的将来就不好说了。事实上，完善的企业信息化系统会形成一个闭

环，把内控制度嵌入，大多数的会计监督职能将被前置到每一个业务环节，相互控制，相互监督，这比传统的会计监督要更有效、更便捷。比如费用报销系统可以通过网络实时监控费用开支情况，报销人员不必再到处找人签字，更不用找会计审核单据；成本核算已经不仅仅是财务部门的事，ERP 系统把一切都做好了，财务部门只需要确认一下，除非有确凿的证据证明有误，否则财务部门一个数字都不用更改。所以未来的企业中，信息化部门的地位会非常重要。由于 IT 行业精英们术业有专攻，现在的信息管理部门更多的是在做后勤工作，如果信息部门多进几个内控方面的管理人才，实时评估一下系统是否在有效运行，并根据经营方向和管理思路，定期或不定期对系统进行升级改造，行使管控职能是很容易的事。

这是否意味着财务人就没有前途了？如果你还是个传统意义上的会计，不考虑转型，你的职业生涯的确会有点黯淡；如果你是个一专多能甚至多专多能的财务精英，你的机会还多得是。细心的人会发现，财务工作几乎与所有的管理工作相关。比如人力资源管理方面，想留住人才就要采取一定的激励措施，这就离不开薪资待遇，业绩考核、奖金分配、期权激励、股权激励，这些都与财务相关。在投资管理方面，从投资策略的制定到投资目标达成，都离不开财务工作。业务管理就更不用说了，业务员有指标、有任务，他们最大的目标就是声称自己赚到了钱并拿到提成，财务就是要核实他们是不是真的赚到了钱，应该拿多少提成。还有预算管理、内控管理，都是以财务为核心的管理工作。如果你实在觉得财务工作没意思，只要技能在身，转型也是水到渠成的事。有人统计，世界 500 强企业的 CEO 当中多数是销售出身，还有的是财务出身。上面提到的信息部门，将来也可能是由财务人主导。

二　把利润表放到后面

现代化的企业需要什么样的财务管理？一是资源配置，尤其是现金配置；二是风险管控——注意，不是风险防控，因为风险无处不在，没有风险的生意根本不存在。

先说资源配置。对于一家积极拓展的企业，资源永远是不够的，所以合理搭配很重要。从大的方面讲，要引进战略投资，发股发债；从小的方面讲，是融资租赁，开具银行承兑汇票。要把有效的资源分配给最需要的部门，达到效益最高（但要注意，这里的最高效益不是眼前效益，而计划期内的效益）。同时还要保证内部控制有效，风险可控。所以财务人的首要任务已经不是开源节流了（开源本来也不是财务的事）。2014 年打车软件进行的烧钱大战，根本就不是传统财务人能想象的，没有收益，只有开支，如何节流？这时候，保证现金流才是财务的首要任务。

三　要集权不要分权

经常听到有公司领导说：以财务为核心！可我没看到过一家企业能真正做到，因为事实上根本不可能做到。是企业就要赚钱，所以谁能赚钱，谁就是核心。财务不可能作为核心，但财务人也不能妄自菲薄。信息化时代的最大特点之一就是信息爆炸，信息来得多、来得快。以前会计们要坐在办公室等单据，单据来了才能核算和决算。出了事，会计最经常说的话是：不提供数据，我怎么知道！现在不同了，信息技术为财务人提供了一个强大的数据库，我们随时可以把手伸到业务前端，实时分析并挖掘出有用的信息。以前分权是因为管理层级多、效率低，现在是全方位的业务共享和信息共享，分权反而不利于规范化、标准化。所以集中管控是未来的方向，财务人要做的是把手伸到业务前端，分析数据，挖掘信息；主要是挖掘有用的业务信息，为集中管控服务。

四　坚持以问题为导向

管理的核心是人，而对人的管理是建立在解决一个又一个问题的基础上。财务工作是管理工作，所以财务人也要以问题为导向，致力于解决管理中发生的实际问题。我们经常抱怨领导不重视财务，那是因为我们为领导解决的实际问题太少。现代社会经济快速发展，新思维、新概念层出不穷，传统的会计理论已经跟不上业务的发展需要了，而会计核算根本上是为业务服务的（很多会计人不承认这个观点，他们认为会计的主要工作是监督业务），业务有变化，会计也要跟着变。不能说准则里没规定，这笔业务就不能做。理论建设不是我们普通人的事，我们的任务是解决一个个实际问题，最终达到管控目标。

五　财务信息和业务信息的界限变得模糊，真正实现财务业务一体化

在信息化时代，业务流程、财务流程、管理流程将有机融合，财务数据和业务数据将融为一体。不论过去还是现在，财务部门提供财务数据，业务部门提供业务信息，信息是独立的。公司要对外发布一个报告，不同部门提供的数据可能都不一致，哪个部门的信息是正确的都不确定。将来（其实很多大公司已经实现了）财务信息将不仅仅是几个干巴巴的

指标，财务人员会挖掘出非财务信息，比如业务信息、市场信息等等，因为财务信息源于业务信息，同样业务信息也会隐含着大量的财务信息，两者的界限会变得模糊。不久的将来，仅仅分析三张会计主表是远远不够的，财务分析会以业务分析为主，财务分析报告也会变得更加亲民。

第 19 章　如何看懂一份年报

你想知道的和企业想讲的

我平时也会炒股，但炒得不怎么样，这么多年下来最多做到盈亏平衡，算上机会成本肯定是赔了。身边事务所的朋友比我也好不了多少，细想一下也不奇怪，我国的股市终究还是个不成熟的投机市场，没人想做长线投资，都盘算着大赚一笔就撤。这样的市场会看业绩、会分析报告是没什么用的。上市公司开股东大会，也没有股东关心管理层能力如何，公司管理存在什么问题，大家只会关心一件事：未来一段时间公司会讲什么故事！故事真假不论，故事好坏不管，关键是要有故事，而且故事要让我第一个知道！说这么多，我是想提醒大家不要指望从本章中学会炒股技巧，这一本关于财务的书，看年报还是要从财务工作的角度，提供的也只是一种看年报的思路而已。

上市公司年报是证券交易委员会要求上市公司必须提交给股东的年度报告（由于上市公司股东众多，所以年报的信息都是公开透明的）。有人理解年报就是年度财务报表，实际上年报的格式是相对固定的，由 12 个章节组成，核心内容当然还是财务数据，但有些文字信息也很重要。

一 释义（不重要）

为了让文字简洁一点，我们对一些常用词汇会使用一些简称，比如，上交所是指上海证券交易所，中国证监会是指中国证券监督管理委员会，本节就是把年报中会用到的简称做一下对照解释。

二 公司简介和主要财务指标（核心章节，非常重要）

本节由12项组成，前六项主要介绍公司的基本信息，包括联系方式、注册地址、股票简况、会计师事务所和保荐机构的基本信息等，只需要简单了解即可。后面六项就非常重要了，上市公司一年的财务数据精华部分都在这里了，一般投资者要对上市公司财务信息做一个大概了解，看一下主要财务指标就可以了。

表4–1是中国联通2013~2015年度的主要会计数据，通过表中数据我们可以发现，营业收入同比下降4%，归属上市公司股东的净利润（这个指标扣除了控股子公司的少数股东享有的利润）同比下降了12.8%，收入、利润双降，利润降幅大于收入降幅，说明公司的盈利能力不容乐观。更能说明问题的是“归属于上市公司股东的扣除非经常性损益的净利润”这个指标，同比下降64.1%，通过后面的非经常性损益项目提供的信息可以得知，中国联通2015年归属上市公司股东净利润34.72亿元，有20个亿是处置非流动资产得来的，这部分营业外收入不具有可持续性，所以扣除后要专门列示出来。经营活动产生的现金流量净额也是一个关键性指标，对很多轻资产的企业来说，这个指标与净利润成正比关

表 4–1　中国联通主要会计数据（2013~2015 年）

单位：元　币种：人民币

主要会计数据	2015 年	2014 年	本期经上年同期增减（%）	2013 年
营业收入	277 048 529 129	288 570 874 374	（4.0）	303 727 203 182
归属于上市公司股东的净利润	3 471 590 902	3 981 738 536	（12.8）	3 442 853 809
归属于上市公司股东的扣除非经济性损益的净利润	1 435 833 667	3 998 501 715	（64.1）	3 254 231 786
经营活动产生的现金流量净额	89 233 265 026	92 429 180 159	（3.5）	83 369 464 367
	2015 年末	2014 年末	本期末比上年同期末增减（%）	2013 年末
归属于上市公司股东的净资产	78 682 126 625	77 336 519 372	1.7	74 858 939 461
总资产	615 319 383 074	547 124 568 845	12.5	531 364 453 263
期末总股本	21 196 596 395	21 196 596 395	0	21 196 596 395

系是比较健康的。但也有中国联通这种情况——经营活动净流量 892.33 亿，是净利润的 25 倍之多。中国联通是重资产的网络通信公司，早年为通信设备投入了大量资金，这些设备每年都要计提折旧并作为成本从利润中扣除，但折旧不会使现金流出，所以中国联通的经营性现金净额长期大于净利润一点也不奇怪。

归属于上市公司股东的净资产与总资产都是时点数，前者列示的是上市公司股东的所有权金额，后者列示的是上市公司股东的控制权金额。所有权当然是越大越好，控制权就不一定了（总资产增幅大于净资产，说明负债也同比增加了，风险当然也随之而来）。

表 4–2　主要财务指标

单位：元　币种：人民币

主要财务指标	2015 年	2014 年	本期比上年同期增减（%）	2013 年
基本每股收益（元 / 股）	0.163 8	0.187 8	（12.8）	0.162 4
稀释每股收益（元 / 股）	0.163 8	0.183 9	（10.9）	0.159 0
扣除非经常性损益后的基本每股收益（元 / 股）	0.067 7	0.188 6	（64.1）	0.153 9
加权平均净资产收益率（%）	4.41	5.20	减少 0.8 个百分点	4.68
扣除非经常性损益后的加权平均净资产收益率（%）	1.82	5.22	减少 3.4 个百分点	4.44

基本每股收益的计算很简单，用归属上市公司股东的净利润除以总股本的加权平均数即可。稀释每股收益是一个假设性指标，只有上市公司发行可转换公司债券时，这个指标才有可能用上，一般情况下基本每股收益和稀释每股收益的金额是一致的。加权平均净资产收益率计算的关键在于加权两个字，这里不能简单地把期初和期末的净资产平均一下

当分母。还要考虑每一个影响净资产变动因素的时间点。比如分红，一般上市公司会在每年的 5 月份分红，作为一个减项，分红在计算收益率时的权重就是 5 月份之后的 7 个月的收益，如果当年分红 1.2 亿，那计算净资产时就只能扣减 7 000 万的权重。扣除非经常性损益后的加权平均净资产与扣除非经常损益后的基本每股收益，计算关键都在于净利润是否扣除非经常性损益，只要能计算出来前面的指标，这两个指标就不难计算。

第十项非经常性损益项目和金额也是一个非常重要的项目，本书会有专门章节详细介绍。

三　公司业务概要

本节由三部分组成：报告期内公司所从事的主要业务、经营模式及行业情况说明；报告期内公司主要资产发生重大变化情况的说明；报告期内公司核心竞争力分析。第一部分描述公司从事的主要业务概况、在行业所处的地位等等，如果是第一次接触当然要仔细了解。第二部分列出当期公司发生的重大资产变化，如果没有，可以直接表述为“不适用”。如果填写了，那发生的必然是重大的资产重组事项，这些事项可能会对当期及未来经营业绩产生重大影响。第三部分是对核心竞争力的分析，字面理解就是分析一下公司在行业中所处的位置，具有什么竞争优势。其实就是给上市公司一个机会做宣传，很少会有公司说自己在行业里地位不保，没有优势了（除非它真要停业退市）。如何表述是上市公司的权力。

四 管理层讨论与分析

管理层讨论与分析是一份年报最重要、最核心的章节，我们可以把它理解为上市公司管理层应监管机构要求，从业务和财务两个角度对过去一年的经营情况进行分析和总结，顺便展望一下未来，指出公司未来的发展方向。管理层讨论与分析提供的信息非常全面，提供的经营成果与经营情况都是面向公众的公开信息，可能有所夸大，但不大可能无中生有、凭空捏造，仔细阅读我们可以从中发现管理层的经营思路和发展方向，对投资者还是很有启发的。更何况从2015年开始，为了给投资者提供更有价值的信息，主管部门要求上市公司在年报中要根据自己的行业特点提供更多的业务信息，如产销量情况分析表、主要业务板块经营概况等，使得这份分析报告变得更有价值。

1. 管理层讨论与分析

业绩下降时，管理层会声称经济环境恶化或形式严峻，公司积极面对挑战，及时调整战略发展方向，采取了哪些措施等等。业绩上升甚至大涨时当然要大肆宣扬，生怕投资者看不到管理层做出的努力。对于业绩发展比较平稳的上市公司，这部分描述的可看性就要低得多，连续几年做的事都差不多，也写不出多少花样。对于投资者来说，业绩有较大变动幅度的公司，年报这部分文字要重点关注，虽然管理层主观上会进行一些粉饰，但总会反映出一些信息。对于业绩变动不大，发展平稳的公司，大概了解一下即可。

2. 报告期内主要经营情况

我们可以把这部分内容当成一份简化版的财务分析报告，里面披露的某些信息是非常关键的，比如对收入和成本的分析，通过对主营业务分行业、分产品、分地区情况简要分析可以看出公司主营业务、产品的发展状况，进而可以分析公司未来的前景（当然这部分数据也不可全信，毕竟是未经审计的数据）。

表 4–3　通信公司成本费用分析表

单位：亿元　币种：人民币

	2015 年		2014 年	
	累计发生	所占营业收入百分比	累计发生	所占营业收入百分比
成本费用合计	2 660.0	96.0%	2 642.9	91.6%
其中：网间结算成本	130.9	4.7%	146.0	5.1%
折旧及摊销	771.9	27.9%	742.5	25.7%
网络运行及支撑成本	423.1	15.3%	378.5	13.1%
人工成本	351.4	12.7%	346.6	12.0%
销售通信产品成本	440.5	15.9%	434.0	15.0%
销售费用	319.7	11.5%	401.9	13.9%
其他营业成本及管理费用	157.6	5.7%	150.1	5.3%
财务费用	64.9	2.3%	43.3	1.5%

表 4–3 是一家通信公司的成本费用分析，通过这张表可以看出该公司主营业务成本的构成，再找出同行业上市公司披露的信息就可以进行对比分析，对同行的非上市公司也有参考价值。

3. 关于公司未来发展的讨论与分析

主要由四部分组成：行业竞争格局和发展趋势、公司发展战略、经营计划、可能面临的风险。前面三部分内容大体了解一下即可，题目很高端，实际干货不多，毕竟发展战略、经营计划这么敏感的话题在公开场合也只能是官方表达。倒是可能面临的风险有时能带来点惊喜，行业发展的危机是共性问题，多看看有利于加深对该行业的了解。

4. 公司因不适用准则规定或特殊原因，未按准则披露的情况和原因说明

通常不会填写。

五 重要事项

前面的经营分析、战略发展，都是宏观的东西。到了这一节就要说点具体的事项，比如当期的分红配股政策、董监高的承诺事项、对重大会计政策变更的分析说明、审计所的聘用情况、重大诉讼、仲裁事项、公司股权激励计划、重大关联交易、重大对外并购及投资情况等。总之只要是公司认为在报告期内发生的重大事项都要在这里披露出来。

如果想做更深入的研究，有一些重要事项还是值得关注的。上市公司可以通过对会计政策的变更对会计利润进行重大调整，这时我们要关注会计政策变更的理由是否合理，变更对当期和未来的利润产生多大影响。上市公司推出的股权激励计划的主要对象都是管理层，为了获利管理层会运用多种手段完成公司计划，所以一般情况下股权激励计划对上市公司是一个利好。关联交易是上市监管工作的重点，按理说重大关联

交易当然要特别关注，但企业敢披露出来就不怕被质疑，所以没有特殊原因了解即可。重大对外并购及投资当然是关注的重点，不过这类信息一经出现就要立即发布公告，所以在年报里都是旧闻了。

六　普通股股份变动及股东情况

本节主要披露两方面的内容，一方面是截至报告期末前十名股东、前十名流通股东持股情况，另一方面是实际控制人的情况。上市公司有控股股东的（直接或间接持股 50% 以上），实际控制人当然是控股股东。如果股权比较分散（比如万科），也可以表述为“公司不存在控股股东及实际控制人，报告期内该情况无变化”。

七　优先股相关情况

优先股是介于普通股和债券之间的募资形式，名义上是股票，从权利义务角度来看其实更像是债券，相对于普通股，优先股有四大特征：收益固定、先于普通股派息（后于债券）、破产时比普通股先清偿（晚于债券，通常破产里债权人都分不到多少钱了，所以这条等于没说）、权利小于普通股（没有选举及被选举权）。看上去优先股介于普通股和债券之间，就像鸡肋，但近几年监管机构还是鼓励上市公司发行优先股，因为优先股都是非公开发行不能上市流通，对二级市场不会构成直接冲击。对上市公司而言优先股就是发行不用偿还的债券，相当于获得长期的低成本资金，还不会稀释原股东的股权比例，可以说是一个利好。对投资人来说，优先股没有偿还期限，股息也没有绝对保障，风险相对较高，但优先股有转为普通股的可能，投资人可以从股价上获利，高风险高收益，很多投资者还是愿意购买优先股的。

近几年因为以上因素非公开发行优先股的上市公司有不少，但总占比还是比较小的，对投资者而言做个基本了解就可以了。

八 董事、监事、高级管理人员和员工情况

本节主要介绍董监高的任职信息（姓名、职务、年龄、任期、持股数、薪酬等）。高管实际人数很多，普通投资者只要关注董事长信息即可，如果公司董事长因任期原因可能需要更换新任职者，公司的发展战略、经营方针都有可能发生变化。

员工情况也是比较重要的信息，可以在现金流量表中找到当期实际为职工支付的薪酬金额，再除以在职员工的人数就可以大体计算出公司员工的人均薪酬。从薪酬政策和培训计划可以看出公司对人才的重视程度，有的公司这两项写得很简单，有的公司就详细一些。

九 公司治理

公司治理主要关注企业能否依法规范运作，制度建设和内部控制是否完善，治理职能是否齐全等。但上市公司的公司治理与一般企业的公司治理还是有一定区别的，为了保护中小股东的利益，监管机构更关注上市公司相对于控股股东的独立性能否得到保障，风险控制、信息披露是否合规，内幕交易是否被严格禁止、独立董事及各专门委员会的履职情况等。虽然以上这些工作主要是为保护中小股东开展的，但中小股东不用过多关注。

十　公司债券相关情况

同优先股一样做个简单了解即可。

十一　财务报告

其实我们可以把一份上市公司年报简单地分成两部分，财务报告之前是董事会报告部分，主要介绍公司各方面的运营情况，财务数据虽然是其中的重要组成部分，但不成系统。而财务报告看上去只占一个章节，实际内容却是最多的，占据了整个年报三分之二以上的篇幅。

财务报告又可以细分成三部分，第一部分是审计报告，格式标准，内容也基本没有变化（绝大部分年报的审计意见都是标准的无保留意见），主要起到鉴证的作用，证明本财务报告是经中介机构审计认可的报告。第二部分是财务报表，也是标准格式的四张主表，由于上市公司通常都设有子公司，所以披露的主表也都是合并财务报表和母公司单体财务报表。第三部分是附注，上市公司的财务报告是公司管理层和会计师事务所博弈的结果，有些问题公司不想调整或披露，审计师要规避自身的风险，这时双方就会坐下来协商出一个双方都能接受的方案：明显有问题的事项必须调整或披露，不然双方都有麻烦，但这边调整了，其他地方就可以释放一点，做到平衡；可调可不调的就要看谁的谈判水平高了，事务所强势就听事务所的，公司强势就听公司的，这通常又与公司的规模有关，因为公司规模大了审计费就高，事务所依赖性强，话语权自然就小一些。有时审计师表面上认输，私下会留个心眼，在报表附注中做一些不明显的提示（附注名义上是上市公司财务人员自己做的，实际上都是审计人员编制的，因为审计师不仅要对报表真实可靠性负责，同时也要对后面的附注负责，如果企业自己编制，审计师就无法保证报表质量）。当然审计师的目的也不是让人发现，只是希望万一那天出事给自己留一个辩解的机会。

附注是对文字附加的解释和说明。报表附注就是对报表数字附加的解释和说明，既然是附加，主次顺序一目了然：报表是主，附注是次，看附注就要先看报表，对报表存有疑问，需要掌握更多信息，再看附注。所以结合报表看附注是基本流程。

附注主要可以分为三部分，第一部分是大纲，把基本情况、会计政策、制度大概描述一下，看附注要抓住重点；第二部分是主体部分，把报表的主要科目一一进行补充说明和解释，有需要的地方都要查看，尤其是文字部分；第三部分是补充说明，不是特殊情况，可以不看。

下面就以A传媒机构2014年年报为例，找出附注的基本方法和要点。

一、大纲说明部分

1. 公司的基本情况

基本情况当然不是重点，但如果你是第一次看该公司的报表，需要关注的关键信息也不少。例如：由H省出版投资控股集团有限公司重组改制发起设立的股份有限公司。关键词是国企改制、整体上市，主营范围：主要从事出版、发行、印刷、印刷物资供应、报纸网络新媒体、数字出版及金融服务等主营业务。关键词是出版传媒行业。其他的上市过程就不一一说明了，最后有个关键信息：本公司的母公司为H省出版投资控股集团有限公司，隶属于H省人民政府，授权H省财政厅行使国有资产监管的国有独资公司，省属国有大型一类企业。省属国企隶属省政府不算错，但监管方不应该是当地国资委吗？怎么成了 H 省财政厅？这里面大有学问，有兴趣的读者可以找业内人士了解一下，不知道也没关系，这是个政府部门职权划分的问题，对普通人来说，归谁管都一样。

2. 报表的编制基础

只要不是在破产清算阶段，会计核算当然都是以权责发生制为基础，这个是通用的，可以不看。

3. 重要会计政策及会计估计

一共 29 条，找出重点，不用全部都看（很多内容都是事务所复制粘贴的，审计人员都不看）。因为会计核算是有最高宪法指导的，这个宪法就是企业会计准则，所有企业都要遵循这个准则，在准则定好的框架内行事，不会有哪家上市公司明目张胆违反准则（非上市公司也不会）。所以这段内容需要关注的是准则允许自定义的部分，其他通用的部分可查阅相关书籍。

坏账计提比例方面，坏账比例说是要做减值分析、做测试，实际上公司业务繁多，大部分还是按账龄对应的计提比例直接相乘。这时候比例定多少就很重要，一般要按行业据实分析设计。

A 传媒做的是出版发行业务，图书分成教材教辅、一般图书两大类，教材教辅又以中小学校义务教育为主，按政策这部分是政府采购项目，所以应收账款发生坏账的可能性很小。一般图书通常是发往各省的新华书店，也不会有什么坏账，现在有了民营书店和网店销售，民营书店可能存在坏账风险，但只要是长期合作关系，即使发生，比例也不会很高。一些大型的网店信誉是没什么问题的。

表 4–4　采用账龄分析法计提坏账准备

☑适用 □不适用

账龄	应收账款计提比例（%）	其他应收款计提比例（%）
1 年以内（含 1 年）	8	8
1~2 年	15	15
2~3 年	45	45
3~4 年	60	60
4~5 年	80	80
5 年以上	100	100

如上述，该公司一年以内计提比例 8% 好像偏高了，如果有 10 个亿的应收款，最少就有 8 000 万的储备金。可能 A 传媒赢利能力不错，公司想储备部分现金。当然，会计政策要保持一贯性（前提是没有明显的不合理之处），具体制定由公司决定。

关于账龄的问题我还想多说一句：直接把应收款按年限分成 1 年以内、1~2 年、2~3 年过于简单。如果一笔业务是 12 月 31 日发生的，挂了 1 000 万的应收款，到第二年 1 月 5 日又收回了，可能只是几天的时间，却要计提几十万的坏账，明显违反了实质重于形式的原则。出现这种情况其实是财务和事务所在管理方面有惰性导致的。如果结合业务合同，在账期内发生的应收款不计提坏账准备，超过账期，违反还款协议的加速计提折旧可能会更科学一点，可以给管理层和投资者提供更真实有效的信息。

4. 税项

凡是企业都要交税，税率要按税法规定来，所以主要税种和税率大概看一下就行，关键看税收优惠。往大了说，税收优惠体现了政府对行业的扶持力度。对企业本身而言，税收优惠更能对当期利润产生重大影响。

出版传媒是文化产业的重要组成部分，国家对这个行业扶持力度一直很大。从年报可以看出 A 传媒大部分子公司所得税是全免的，主业增值税分成两大类：中小学教材 100% 先征后退，其他图书 50% 返还。据我所知，出版传媒业在各行业中享受的税收优惠力度是相当大的。A 传媒 2014 年利润总额达 10 亿元，仅所得税一项就少交 2.5 亿元左右。年报显示此项优惠政策执行至 2018 年，也就是说 2019 年如果优惠政策不再延续，将对出版传媒相关行业企业的利润产生重大影响。

二、合并财务报表项目注释

1. 货币资金

表 4–5　货币资金

单位：元　币种：人民币

项目	期末余额	期初余额
库存现金	294 666.91	361 739.96
银行存款	9 950 851 426.37	8 435 718 008.25
存放中央银行款项	701 677 733.19	
其他货币资金	64 859 956.00	25 882 000 00
合计	10 717 683 782.47	8 461 961 748.21

初看货币资金表的数字，令人大吃一惊。10 717 683 782.47 元，也就是 107 亿元！公司年末总资产是 151 亿元，现金占总资产的 71%。虽说现金为王，但 A 传媒公司的现金未免也太多了点。该公司 2010 年上市，上市前现金余额为 21.9 亿元，当年上市募集现金 42.43 亿元，当年期末现金 64 亿元。从 2010 年到 2014 年，募集现金使用情况如表 4–6 所示：

表 4–6 募集资金总体使用情况

√适用 □不适用 单位：万元 币种：人民币

募集年份	募集方式	募集资金总额	本年度已使用募集资金总额	已累计使用募集资金总额	尚未使用募集资金总额	尚未使用募集资金用途及去向
2010	首次发行	412 300.20	141 589.00	202 302.52	263 511.25	存于银行
合计	/	412 300.20	141 589.00	202 302.52	263 511.25	/
募集资金总体使用情况说明			详见公司披露的《中南出版传媒集团股份有限公司 2014 年度募集资金存放与实际使用情况专项报告》			

也就是说上市四年多，募集的资金只用了 20 亿元，还没达到该公司上市前的现金余额。经过几年的经营，2014 年年底现金已达百亿，募集资金还有 26 亿元没用完，不知公司上市的目的是什么？

有这么多现金，存在哪，收益如何？再看财务费用（看附注和审计流程是一样的，要将有关联的科目放到一起看）。

2. 财务费用

表 4–7 财务费用

单位：元 币种：人民币

项目	本期发生额	上期发生额
利息支出	1 033 528.43	190 523.93
减：利息收入	–219 572 414.93	–193 086 553.27
减：汇兑收益	–69 802.54	–41 977.84
加：汇兑损失	43 741.67	96 059.90
其他	2 992 589.63	3 369 977.05
合计	–215 572 357.74	–189 471 970.23

A 传媒公司 2014 年年均持有现金 95 亿元，利息收入 2.29 亿元（投资收益中还有理财收益 1000 万元），年化收益约 2.31%，再查一下 2014 年各大银行定期存款利率，半年期是 2.85%，一年期 3% 左右，也就是说公司持有上百亿元的现金，所得收益还不及半年期定期存款。

3. 其他应收款

表 4–8　其他应收款按款项性质分类情况

单位：元　币种：人民币

款项性质	期末账面余额	期初账面余额
待抵扣进项税	135 218 009.95	158 688 355.55
投标等保证金（汇总数）	32 523 080.26	19 057 393.00
往来款	28 251 234.69	32 132 072.20
房屋维修基金及售房款（汇总数）	16 807 033.56	18 563 319.20

待抵扣进项税为 1.35 亿元，且不论这个过渡性科目放在其他应收款是否合适（只要不被误判，放在哪个科目并不重要），上亿元的未认证进项未免太大了点。个人猜测：由于是当地纳税大户，某年税源不足，要多支持一点，就没有认证，一直延续了下来？

4. 存货

期末发出商品金额 4.8 亿元，占存货近一半比例。出版行业的发出商品主要是流向各大书店的图书，这部分图书金额较大，占用了大量资金，但也是可以理解的，要想销售产品大量铺货也是不得已的选择。问题是跌价准备计提 1.18 亿元，占到原值的 20% 左右。A 传媒的图书提取跌价准备实行的是分年核价政策，和应收款按账龄计提坏账准备差不多

表 4–9 存货分类

单位：元　币种：人民币

项目	期末余额			期初余额		
	账面余额	跌价准备	账面价值	账面余额	跌价准备	账面价值
原材料	103 464 986.01	579 249.94	102 885 736.07	97 383 408.78	772 490.35	96 610 918.43
在产品	269 252 958.10		269 252 958.10	220 924 794.64		220 924 794.64
库存商品	328 709 667.72	131 895 765.65	196 813 902.07	489 008 917.08	132 688 990.40	356 319 926.68
发出商品	600 382 970.52	117 963 557.11	482 419 413.41	554 011 176.52	87 129 436.64	466 881 739.88
包装物	918 249.27		918 249.27	915 107.14		915 107.14
低值易耗品	580 664.92		580 664.92	307 167.76		307 167.76
合计	1 303 309 496.54	250 438 572.70	1 052 870 923.84	1 362 550 571.92	220 590 917.39	1 141 959 654.53

（分三年提取，当年出版的不提；前一年出版的按年末库存图书总定价提取 10%，前两年的提取 20%，前三年及三年以上出版的按 30%~40% 提取）。已提的 20% 跌价准备说明大部分发出商品存放在外的时间已超过 2 年，与期初比较，跌价准备的增幅超过了账面余额的增幅，说明长库龄商品比重在增加，库龄结构恶化，它们的价值和现状都值得进一步关注。

5. 投资性房地产和固定资产

投资性房地产是从固定资产剥离出来的新设会计科目，本意是核算用于出租或出售的房产和土地使用权。由于是用来出租和出售的，账面价值当然按市场价值体现最合适，问题是准则还留了一个口子，允许企业在成本计量和公允价值两者之间二选一，财务人员图省事（事实上国内房地产市场变动较大，也很难保证选择的公允价值就是对的），几乎没有人会按公允价值计量。所有人都选择成本计量的后果就是投资性房地产披露的信息和固定资产（房屋及建筑物项目）披露的信息几乎没有区别，这个科目的设置也就失去意义。

固定资产的明细项目大同小异，房屋及建筑物、机器设备、运输工具和办公设备都是必不可少的，按说没有什么看点。但对财务人员来说，房屋及建筑物仍然值得关注。我们已经知道 A 传媒是做出版发行的集团公司，在 H 省所有县市都有分公司，而这些分公司在所在地还有若干网点（由于历史原因还都位于黄金地段），这些网点加在一起构成了上表列示的 12.27 亿元的房产原值（扣除已提的 5.39 亿元折旧，净值仅有 7.4 亿元）。实际上呢？众所周知，近十年来再偏远的县市，房地产价格都翻了三四倍，上面这些房产还在按购建时的成本入账（不排除某些公司上市时对房产进行了重新评估，但还是赶不上房屋的升值速度），还在继续

表 4-10　固定资产情况

单位：元　币种：人民币

项目	房屋及建筑物	机器设备	运输工具	办公电子设备	其他设备	合计
一、账面原值：						
1. 期初余额	1 227 397 119.17	679 688 019.66	108 078 620.72	165 538 860.74	47 104 276.31	2 227 806 896.60
2. 本期增加金额	70 676 421.72	48 374 182.38	4 138 664.10	55 925 540.35	6 661 278.09	185 776 086.64
（1）购置	4 130 049.06	12 950 765.69	3 925 744.10	32 395 569.97	6 289 881.09	59 692 009.91
（2）在建工程转入	66 546 372.66	35 423 416.69		23 415 183.63	371 397.00	125 756 369.98
（3）企业合并增加			212 920.00	114 786.75		327 706.75
3. 本期减少金额		7 016 783.51	3 802 988.00	7 971 066.01	1 277 362.62	20 068 200.14
（1）处置或报废		7 016 783.51	3 802 988.00	7 971 066.01	1 277 362.62	20 068 200.14
4. 期末余额	1 298 073 540.89	721 045 418.53	108 414 296.82	213 493 335.08	52 488 191.78	2 393 514 783.10

计提折旧，显然房产的账面价值严重背离了其实际的公允价值。A 传媒公司是个特例，其他上市公司或多或少也会存在这类情况。我的建议是上市公司在附注中仅仅披露房产的账面价值是不够的，还应该提供房产的使用面积和公允价值，以便让投资者进行参考，若统计起来有困难，提供一个区间数也可以。

6. 递延所得税资产 / 递延所得税负债

A 传媒公司的递延所得税资产和其他上市公司有所不同，前面提到过国家对出版发行行业的税收优惠力度很大，中南传媒下属的大部分出版发行公司所得税都是减免的，这些公司已提的资产减值准备都不存在应纳税所得额调整的问题，更不需要计算递延所得税资产。只有那些新设公司因为没能享受到所得税优惠政策，才需要计算递延所得税资产。从表 4–11 我们可以发现可抵扣暂时性差异金额很小，只有 2 000 多万，对应的递延所得税资产也仅有 700 多万，原因就在于此。不同行业的税收优惠政策都不一样，或多或少都会影响到递延所得税资产的计算。

表 4–11　未经抵销的递延所得税资产

单位：元　币种：人民币

项目	期末余额		期初余额	
	可抵扣暂时性差异	递延所得税资产	可抵扣暂时性差异	递延所得税资产
资产减值准备	28 111 877.40	7 027 969.35	16 951 737.03	4 237 934.26
内部交易未实现利润				
可抵扣亏损				
合计	28 111 877.40	7 027 969.35	16 951 737.03	4 237 934.26

7. 应付账款

从表 4–12 可以看到 3 年以上应付账款有 5 373 万，这么大笔的应付款长期无法支付肯定是有原因的，一般都是采购的物资出了问题，这笔款项无须支付了，也可能就是多挂出来，这笔应付款就是一笔潜盈。不论哪种原因，长账龄的应收款要全额计提坏账准备，这部分应付款即使不能调整为营业外收入，说明一下原因让投资者自己判断也是有必要的。当然，没有做说明不是 A 传媒公司的问题，附注格式中并没有这方面的强制要求，不说明也不能算错。

表 4–12 应付账款列示

单位：元 币种：人民币

项目	期末余额	期初余额
1 年以内（含 1 年）	1 989 642 843.38	1 784 974 701.56
1 年至 2 年（含 2 年）	54 548 741.71	16 453 541.99
2 年至 3 年（含 3 年）	8 700 885.05	2 266 556.84
3 年以上	53 731 038.60	52 857 050.36
合计	2 106 623 508.74	1 856 551 850.75

8. 其他应付款

表 4–13 按款项性质列示其他应付款

单位：元 币种：人民币

项目	期末余额	期初余额
三类人员费用	337 090 250.27	411 105 292.09
往来款	381 078 139.83	299 872 586.97
合计	718 168 390.10	710 977 879.06

国有企业上市改制时，通常会涉及离退休人员、内退下岗人员及遗属，此时我们将以上人员统称为“三类人员”，其涉及的费用称为“三类人员费用”。三类人员费用主要包括为终止劳动合同给予的补偿，为内退人员缴纳的生活费和社会保险费，这都是经营困难的单位为了减负需要做的事，还有的国企条件不错，离退休人员退休后除了社保之外单位还会多发一份补贴费，有的员工之前是事业单位员工，现在改制后变成了企业员工，也要补贴一份转换身份的钱。A 传媒公司上市前，大部分出版社和发行公司都是事业单位，很多员工也是事业单位员工身份，这里 3.37 亿的三类人员费用显然是为他们准备的。因为这都是在上市之前计提的，不会影响普通股民的权益。

9. 营业收入和营业成本

表 4–14　营业收入和营业成本

单位：元　币种：人民币

项目	本期发生额		上期发生额	
	收入	成本	收入	成本
主营业务	8 864 066 150.91	5 279 776 918.27	7 872 748 459.87	4 820 508 104.70
其他业务	174 694 918.49	82 602 750.95	160 300 889.28	60 507 948.04
合计	9 038 761 069.40	5 362 379 669.22	8 033 049 349.15	4 881 016 052.74

营业收入和营业成本是个很关键的指标，仅靠上面一个表格提供不了什么信息。我们还要到董事会报告里找答案。

表 4-15 主营业务分产品情况

分产品	营业收入	营业成本	毛利率（%）	营业收入比上年增减（%）	营业成本比上年增减（%）	毛利率比上年增减（%）
一、出版	2 316 155 206.94	1 679 143 696.12	27.50	9.96	10.31	减少 0.23 个百分点
一般图书	453 596 617.18	289 745 228.41	36.12	0.23	-2.69	增加 1.91 个百分点
教材教辅	1 728 212 782.99	1 282 507 116.23	25.79	13.05	14.22	减少 0.76 个百分点
期刊	9 991 684.63	6 953 687.10	30.41	5.50	1.97	增加 2.41 个百分点
音像制品	120 786 863.42	98 392 117.16	18.54	6.78	4.70	增加 1.61 个百分点
其他	3 567 258.72	1 545 547.22	56.67	51.71	81.24	减少 7.07 个百分点

这是董事会报告中关于主营业务分产品经营情况分析表（部分节选）。从表中可以看出 A 传媒出版业务的主要产品是一般图书和教材教辅图书，约占出版业务收入的 94%。受互联网发展的影响，期刊和音像制品占比较小，也符合市场预期。教材教辅图书收入同比增长 13.05%，占比最高（75%），增幅较大，但这项业务受政策影响较大，而且市场上升空间有限，一旦市场准入的门槛放开，将对公司业绩产生较大影响。一般图书占比较小，且增长缓慢，将对公司未来业绩的增长产生一定影响。

上面这些都是纸上谈兵。营业收入和营业成本项目最大的问题是附注披露的信息过于简单，只有一个未提供任何实质内容的简表。大量有价值的信息放到董事会报告中披露，当然可以提醒投资者关注和重视。但附注中也要有所反映，因为附注是财务报告的一部分，审计师有义务鉴证财务报告披露信息的真实有效性，董事会报告是企业自己提供的，审计师对此不承担任何责任和义务。同样的信息，放在不同的位置，意义就大不相同。

10. 关联方及关联交易

前面说过，关联方及关联交易是附注的一项重要内容，从要求披露信息的全面性就可以看出监管机构的重视程度。我们看关联交易主要看两个方面，一是买卖的交易行为，二是应收应付的债权债务。通过商品的买卖可以进行利润的转移，所以有大额的关联关易都应当关注（其实交易是否公允，普通投资者是很难判断的，公司总能提供各种各样的信息来证明交易是公允的，但是关联交易如果在总收入中占比过大，这件事本身就是不公允的）。债权债务只需要关注应收款项就可以了，公司应收关联方款项说明公司有可能受到大股东影响对外输送利益（尤其是其他应收款，这可能是对外无偿借款）。应付关联方款项关系不大，大股东主动把资金存放在上市公司，多多益善！

11. 母公司财务报表主要项目注释

对大型集团公司来说，有了合并报表，母公司单体报表就成了鸡肋。附注也是一样，附注中关于母公司主要项目的注释不多（包括应收账款、其他应收款、长期股权投资、营业收入和营业成本、投资收益等五个项目），几乎没人关注。唯一有价值的可能是长期股权投资，其中有关控股子公司的投资金额和投资变化还值得一看。

十二　备查文件目录

备查文件目录	载有法定代表人、主管会计工作负责人、会计主管人员签名并盖章的会计报表
备查文件目录	载有会计师事务所盖章、注册会计师签名并盖章的审计报告原件
备查文件目录	报告期内在中国证监会指定报纸上公开披露过的所有公司文件的正本及公告的原稿

这里的备查文件是上市公司按规定报交易所等机构备案的文件，普通投资者可以通过正规途径申请查询。事实上很少有人这么做，因为和网上提供的内容都是一样的。

第 20 章　从非经常性损益看盈余管理

如何合规合法地调节利润，为企业谋取最大利益，是专业财务人的大题目

市场上有的财会类书籍不是教人做账的，而是教人做假账的！对于有这样需求的读者，我要提醒一句：假账违法、违纪、违规，更重要的是，做假账的公司大都是小公司，而且不正规，在这样的公司工作是没什么前途可言的。

生活中很多人眼中的财务高手和假账高手是画等号的，这个观点当然是错误的。财务高手的“高”应该高在管理上，高在为企业创造价值上，而不是耍些小聪明。凡事假的真不了，真的假不了，假账永远也变不成真账，再高明的假账会计也变不出真金白银。但对初学者来说，了解一下假账到底假在哪里，怎么发现假账还是很有必要的。其实，做假账也有初级、中级、高级的段位之分。初级假账通常是简单粗暴式的，明明是费用，偏要当成本挂起来；明明货已卖出去了，偏要做个假盘点表，当它们还在。中级假账要高明些，做账之前会和领导通通气，明确一下目标：是为了完成上级任务而造假，还是为了逃税避税而做假账，逃税的要注意交什么税，开什么票，能收现金的收入哪怕多打点折扣也要收现金，支出也是一样，多用个人账务，搞体外循环，等等。高级假账就不是一般人能掌握的了，通常出现在大集团甚至跨国集团中，会有一个团队来专门操盘，有专人研究各国财税政策，一个业务类型到一个公司的成立之初就开始运作，高明到当地政府即使发现也无可奈何，因为人家钻的就是政策空子，要怪只能怪政策制定得有问题。前段时间曝光的某连锁咖啡店在英"逃税"就是代表性的案例。英国跨国公司及本土公司的法定企业所得税税率是30%。某连锁咖啡店使用合法的避税策略，在英国开展业务的14年来拥有30亿英镑的销售收入，却仅支付了860万英镑的所得税，纳税额低于营业额的1%。手法其实也不复杂，先找个低税率的国家注册成立公司，再以这家公司的名义向英国公司收取高昂的知识产权费增加期间费用；再用低买高卖的办法加价把咖啡豆卖给英国公司增加成本；某连锁咖啡店总部甚至向英国公司贷款放高利贷增加财务费用。几个手段用足，某连锁咖啡店英国公司想亏损也难呀！看似简单的手段，依靠的是对各国家法规政策的熟练掌握，这需要平时不断的知识积累，绝不是一朝一夕之功。

所以大公司一般不会做假账，而是做盈余管理。什么是盈余管理？就是企业管理层在遵循会计准则的基础上（前提就是合规的），通过对企业对外报告的会计收益信息进行控制或调整，以达到主体自身利益最大化的行为。通俗说来就是四个字：调节利润。我们也可以把它理解成合理避税——都披着合法或合规的外衣，目的也都是一样，即操纵主体利益最大化。有人赚就有人赔，合理避税可能导致国家税收流失，盈余管理则可能让不知情的投资者对报告误判，从而造成损失。

看起来盈余管理似乎也不是好事，其实不然，就好像法律的制定和完善永远赶不上经济发展的需要一样，盈余管理也可以视为财务人员对企业经营信息的一种主观理解。

盈余管理也是企业对外报告的通行做法。什么叫专业，不会盈余管理的会计敢自称专业吗？高明的盈余管理应该是这样的，面对众多专业人士对信息披露的真实性提出质疑，你毫不畏惧，引经据典，坚持准则不放松，最后专家默默退场。隔天，最新的会计准则解释出台了……

利润的调节就像一个弹簧，压到最低就是把利润藏到极限（坏账准备提过原值），不压不拉就是没有调节的原始形态，把弹簧拉起来就是调增利润，把弹簧拉成一条直线，甚至拉断，就是资金链断裂，舞弊暴露，出了大问题。我们做盈余管理也是一样，一定要把握好这个度。

盈余管理是个大题目，围绕这个题目，出十本书也不多。这里，我们还是针对非经常性损益来聊聊盈余管理是怎么在报告中实现的。

什么是非经常性损益？我们再来看看定义，根据证监会发布的《公开发行证券的公司信息披露解释性公告第 1 号——非经常性损益（2008）》的规定，非经常性损益是指与公司正常经营业务无直接关系，以及虽与正常经营业务相关，但由于其性质特殊和偶发性，影响报表使用人对公司经营业绩和盈利能力做出正常判断的各项交易和事项产生的损益。这里有三个关键点，即“与正常经营业务无直接关系”“计入当期损益的政府补助，但与公司正常经营业务密切相关，符合国家政策规定、按照一定标准定额或定量持续享受的政府补助除外”和“金额重大性”。仔细看一下，是不是和营业外收支的概念有点类似？实际上二者的内容的确有一定重合之处，但前者的范围要广得多。

判断一个项目是否构成非经常性损益，首先要看其是否与正常经营业务相关——注意这里的正常经营业务范围的判断，通常在营业执照范围内的肯定没问题，其他的就要靠判断，这时“偶发性”成为判断是否非经常性的重要依据。另一个需要考虑的因素就要看该项损益能否在可预见的未来成为可预期的稳定收益来源，从而为报告使用者预测企业的未来收益状况提供依据。比如，进出口企业的出口退税收入在可预见的未来将会长期享受，那么该项收入就是经常性的损益，而某些地方性的，如对开发区内企业所得税的优惠政策，一般都是临时或时段性的优惠，这时就可以判断为非经常性损益。

总之，预计在将来不会重复发生、具有偶发性的项目都可以判断为非经常性损益。

说到这里，还是理论居多，万一因为主观或客观的原因判断错了怎么办？这时候还是能看出证监会有多为群众着想了。《公开发行证券的公司信息披露解释性公告第 1 号——非经常性损益（2008）》详细列明了 21 项非经常性损益项目，几乎把能想到的都列上了。出台这些政策的目的只有一个，就是把非经常性损益从企业净利润中剥离出来，从而还原上市公司真实的经营业绩，促使上市公司集中发展主业、提高核心竞争力。下面我们就把这些明细项一一列举出来，看看非经常性损益是怎样对企业的当期利润造成影响的。

一　非流动资产处置损益

非流动资产，主要包括固定资产、无形资产之类。这个可以说是调节利润的最佳手段之一——几乎每个企业都有固定资产，如果是房产就更好了。这十几年，我国房地产事业飞速发展，房产增值十几倍都是正常的，可财务核算还是按照历史成本，提过折旧余值就少得可怜了。今年利润不足？没关系，找几套房，把它们按市场价卖了就是，利润就出来了。可能还有读者会问，房子是今年卖的，可利润想留到明年，怎么办？其实也很容易，把转让手续办得慢一点，跨年度也很容易。

如果没有房产或有房产不想卖怎么办？那就只有从机器设备上做文章。举例来说，假设企业有原值 1 个亿的设备，折旧提了 5 000 万，找家关系不错的公司（甚至可能是关联公司），按 6 000 万卖给它，1 000 万利润就出来了。关键在后面，因为设备你还要用，再和对方公司签个融资租赁协议（如果手法想隐蔽一点，可以换家公司签），把设备再租回来，多出来的 1 000 万利润再分 3~5 年的时间返还给对方，这样一个闭环就完美形成了。

二　越权审批，无正式批准文件，或偶发性的税收返还、减免

众所周知，这些年地方政府为了辖区所属企业能顺利上市，体现政绩，想了很多办法，常用的手法就有突击补贴，直接发钱有时预算不好过，税收返还、减免可能是最常用的手法了。

三　计入当期损益的政府补助，但与公司正常经营业务密切相关，符合国家政策规定、按照一定标准定额或定量持续享受的政府补助除外

同上，政府补助在会计核算中属营业外收入，标准的偶发性事件。这里要注意例外情况，不是所有的政府补助都是非经常性损益，这一点与会计核算有所不同。

举个例子，甲公司是一家软件开发企业，主营软件开发业务，根据《关于软件产品增值税政策的通知》{财税 [2011]100 号}的规定，一般纳税人销售其自行开发生产的软件产品、将进口软件产品进行本地化改造后对外销售，按 17% 税率征收增值税后，对其增值税实际税负超过 3% 的部分实行即征即退政策。所以这部分退税收入与其正常经营业务密切相关，且可预见的将来能够持续享受，那么该部分补助应属经常性损益，虽然在会计处理上，要计入营业外收入，但在会计报告的信息披露时应该计入经常性损益。假如在 2014 年税务总局又出台了新政策，把以上优惠取消，那就应当重新考虑列报问题，因为列报的目的是为了帮助财务信息使用者更合理、可靠地预测公司未来的正常持续盈利能力。所以我们在信息披露时不仅要考虑当下，还要考虑将来。

四 计入当期损益的对非金融企业收取的资金占用费

资金占用费可以算得上是企业之间变相的贷款。这个项目的字面意思很容易理解，需要注意一种相反的情况，对于拟上市的企业，历史上长期无偿占用控股股东资金或使用资产是较为普遍的现象，或资金、房产、专利、商标，还有管理人员薪酬由大股东支付等等。对于这些情形，一种办法就是不做会计处理，但作为非经常性损益扣除，以真实反映申报期间的发生人的经营业绩。这种处理在企业 IPO（首次公开募股）时可能会用到。

五　企业取得子公司、联营企业及合营企业的投资成本小于取得投资时应享有被投资单位可辨认净资产公允价值产生的收益

字面上有点难以理解，其实就收购的企业实际出价比公允价值低这一点来说，就是买便宜了，从而产生了负商誉。企业在并购中收购价高于公允价或评估价是常有的事，差价就是我们常提到的商誉；如果出现相反的情况，就是负商誉，差价可以计入当期的营业外收入，从而增加当期利润。一般来说买的没有卖的精，出现负商誉的情况不是没有，但总会有原因。当然，这也是一种很好的操纵利润的手法。

首先，所谓公允价值就是个很主观的东西。在我国，资产或企业的公允价值主要依靠中介机构来评估，企业所在地不同，资产购置、使用年限、使用程度，以及往来款项的属性等等，各种情况都有可能发生，一百份评估报告，出现一百种结果都是正常的，里面的可操作性很大。

其次，卖家也可能主动把交易价降低。比如，下游企业为了完善产业链，收购上游企业，而上游企业可能为了获得下游企业的市场，对并购价格做出让步也是很正常的现象。这些都是会计处理中很难处理的事项。

六　非货币性资产交换损益

非货币性资产交换同样面临着交易双方对标的物价值的主观认定，新准则发布以后，与国际准则的确是接轨了，但公允价值这个概念的引入也使得会计的可操作性变大了。非货币性交易本身是种很正常的商品

交易行为，但在我国，交易差价却变成了非经常性损益，从这一点也可以看出监管层的无奈。

七 委托他人投资或管理资产的损益

与第 16 条对外委托贷款取得的损益一样，委托投资、委托代管和委托贷款都是监管层重点关注的对象。一方面，监管层要防范上市公司不务正业，把上市圈到的钱用于短期投资，追逐短期利益，而忽视主业的经营发展，最终催生市场泡沫，加大经营风险。另一方面，也要防范上市公司通过委托代管的形式把利润转移出去，从而损害小股东的利益。

八 因不可抗力因素，如遭受自然灾害而计提的各项资产减值准备

因自然灾害导致的资产减值具有偶发性，所以计入非经常性损益完全可以理解。这里需要提醒的一点是，因为存在主观判断，资产减值同样是调节利润的重要手段。

资产减值准则规定，资产存在减值迹象的，应当估计其可收回金额，然后将所估计的资产可收回金额与其账面价值相比较，以确定资产是否发生了减值，以及是否需要资产减值准备并确认相应的减值损失。而资产可收回金额的估计应当根据其公允价值减去处置费用后的净额与资产预计未来现金流量的现值两者之间较高者确定。考虑到资产公允价值与资产预计未来现金流量现值都可能建立在主观判断的基础上，利用资产减值调节利润也就成了可能。

比如某企业有一套生产线的机器设备，出于调节利润的目的，它可以在报告期当年找中介机构对该项资产的价值进行重新评估，一方面大幅降低了当期利润，另一方面，可以减少以后年度的设置折旧额，从而增加以后年度的利润，达到双重调节的目的。而且这种调节是不用计入非经常性损益的。具体操作时，考虑到机器设备的市场价值一般都会下跌，评估减值应该是很容易的事。至于资产预计未来的现金流量现值就更容易了，未来会怎样没人能说得清。

当然，我们能想到，监管层也能想到，为了避免重估资产操纵利润，资产减值准则规定，资产减值损失一经确认，在以后会计期间不得转回。

九　债务重组损益

债务重组是指在债务人发生财务困难的情况下，债权人按照与债务人达成的协议或者法院的裁定做出让步的事项。一般来说，债务重组都是债务人占便宜，债权人吃亏，重组的损益计入各自的营业外收入和营业外支出，直接影响当期损益，从而达到调节利润的目的。

有人会问，有人吃亏，有人占便宜，那吃亏的人怎么会同意？其实很简单，A 公司对 B 公司有一笔应收款 1 000 万元，无法偿还，与 B 公司达成债务重组协议，以 A 公司一批价值 700 万元的存货抵账，差额 300 万元作为当期营业外收入。到了第二年，A 公司再以 1 000 万元的价格把这批存货买回来即可，至于付多少利息就是双方协商的事了。这笔交易中的存货其实都不用进行实物交割。

十 企业重组费用，如安置职工的支出、整合费用等

企业重组一般有业务重组、资产重组、债务重组、股权重组、人员重组、管理体制重组等模式，范围很广，由于篇幅所限，就不一一描述了。总之，重组过程中发生费用必然是偶发性且一次性的，涉及金额往往较大，计入非经常性损益是理所应当的事。

十一 交易价格显失公允的交易产生的超过公允价值部分的损益

很难想象哪家上市公司会在年报信息披露时把这一项主动填上。一般来说，交易价格显失公允的主要都是关联交易，非关联方的交易买高卖低都是正常的商品交易行为，不存在是否公允的判断。互联网企业巨头花 20 个亿买某品牌牧场去饲养奶牛你能说不公允吗？一幅毕加索的画能卖千万甚至上亿美元，谁又能说它不值？而关联交易在上市年报中的重点监管对象，关联方、交易内容、定价方式、发生金额都一一披露，重要关联交易还要披露公允价值和交易收益，在这种披露规则下，没有哪家上市公司会把明显有失公允的交易直接披露出去。所以这条项目到底能发挥多大的作用实在让人存疑。

十二 同一控制下企业合并产生的子公司期初至合并日的当期净损益

先提示一下，这块对非专业人士来说很难理解。要想说清楚我们要

先看定义：同一控制下企业合并，是指参与合并的企业在合并前后均受同一方或相同的多方最终控制，且该控制并非暂时性的企业合并。同一控制下的企业合并并不是真正意义上的企业并购，而是同一集团内的企业整合。对上市公司来说，就是上市公司的母公司把自己未上市的子公司以交易的形式出售给上市公司，实质上这是一种关联交易。为了防止上市公司与控股公司合作粉饰当期报表，准则主要提出了以下三点要求：

首先，合并交易产生的差额只能调整所有者权益，不能计入当期损益。这个很容易理解，控股公司把账面价值为 5 000 万元的 A 公司以 2 000 万元的价格卖给 B 公司，对 B 公司来说，多赚的 3 000 万元只能算控股公司的注资，直接增加资本公积，不能计入营业外收入（注意，同一控制企业合并不用公允价值，并购行业不用评估，属同一家企业）。

其次，考虑到交易的子公司当期损益可能对上市公司当期损益产生影响，对同一控制的企业合并，应视同合并后形成的报告主体自最终控制方开始实施控制时一直是一体化存续下来的（很复杂的一件事，很难用一句话表述清楚，只能照抄准则）。接着上面的例子说明一下，2010 年，控股公司把 A 公司以非关联交易的形式收购下来，到了 2014 年，又出售给了上市 B 公司，那么对 B 公司来说，它要视同 2010 年就已经并购了 A 公司，在编制合并报表时，要重新追溯到 2010 年。你没看错，要把以前几个年度的报表全部重新编写！我的报表生涯中最怕的不是内部交易有多复杂，而是同一控制的合并，工作量巨大！这么做的目的是什么？主要是怕合并后的报表信息使投资者产生误判，假如上市 B 公司合并当年净利润是 1 000 万元，A 公司合并当年净利润是 500 万元，那么通过这次合并，就可以使 B 公司当年净利润直接增加 50%；如果 B 公司当年亏损，那么通过并购就可以使上市公司直接扭亏为盈，可见同一控制合并对当期利润产生的影响。只有通过追溯才能提示普通投资者，这些业绩不是通过正常经营而是通过资本运作获得的利润。

最后要说明一下，编制合并报表时，不论合并发生在什么时点，合并利润表、合并现金流量表都应包含合并方及被合并方自合并当期期初至合并日实现的净利润。假如上市B公司是2014年3月31日收购的A公司，那么在B公司编制2014年年报时，合并利润表要把A公司2014年1~3月的净利润也并入当期合并利润中。为什么？因为要追溯调整报表。前三年的报表已经合并进来了，这三个月也要合并；如果不合并进来，这报表根本编不平。

说了这么多，读者现在明白为什么要把同一控制下企业合并产生的子公司期初至合并日的当期净损益视同为非经常性损益了吧，因为这块利润本来就是多并进来的。

十三　与公司正常经营业务无关的或有事项产生的损益

又一个在上市公司年报中很少见到有人填报的项目，以我的理解，与公司正常经营业务无关的或有事项产生的损益不就是营业外收支吗？如果上市公司有这方面的损益，相信一般都会在第20项——除上述各项之外的其他营业外收入和支出列示出来。当然，也会有企业不想把个别或有事项产生损益计入营业外收支，而是以费用或收入的形式核算，不过这么做一般都是想隐瞒一些信息，不想明示出来。

十四 除了与公司正常经营业务相关的有效套期保值业务外，持有交易性金融资产、交易性金融负债产生的公允价值变动损益，以及处置交易性金融资产、交易性金融负债和可供出售金融资产取得的投资收益

这个很好理解，与正常经营业务相关的当然是经常性损益，而交易性金融资产、交易性金融负债以公允价值计量的，受市场影响太大，今天赚钱，明天可能就会赔钱，好比我们炒股，账面盈亏都只是个数字。那为什么处置可供出售金融资产取得的投资收益？因为与交易性金融资产不同，可供出售金融资产的公允价值变动不是计入当期损益，而是计入所有者权益里的资本公积，在出售时，再把持有期间累计形成的资本公司一并转入当期投资收益，从而对当期收益产生重大影响，而这些影响是多年积累形成，不符合配比的原则，所以要作为非经常性损益扣除。

现在大家明白在这个项目的盈余管理的关键点了吧。平时没事多打点新股，能买到将要上市的原始股更好，一旦上市不要着急抛售，多留几年（可能我对中国股市的期望值有点高），等它慢慢涨，哪年利润不够了，按需求分批卖出去；这一招在一些上市公司的控股公司中使月得较为普遍。

十五 单独进行减值测试的应收款项减值准备转回

要理解这一条，先要理解什么是资产减值准备的计提和转回，哪些资产可以计提减值准备？哪些资产计提减值准备后可以转回？哪些不可以转回？结合新旧准则，可以进行如下归类：

1. 短期投资跌价准备

实际上这是旧准则的概念，新准则颁布以后，短期投资这个科目主要被交易性金融资产所取代，而交易性金融资产使用的公允价值计量，所以无须计提减值准备。

2. 坏账准备

主要指应收款项的坏账准备，如应收账款、其他应收款等。这是我们最经常用到的科目之一，由于一般企业每年都会按账龄计提一些坏账准备，所以一些非上市企业在调节利润时常用到本科目。减值准备可以转回。

3. 存货跌价准备

与坏账准备不同，存货跌价准备的计提采用的是当存货的可变现净值（可变现净值是指在正常生产经营过程中，以估计售价减去估计完工成本及销售所必需的估计费用后的价值）低于存货账面成本时，对差额部分计提跌价准备。由于可变现净值也是建立在估计的基础上而得出的，所以也会有企业通过这个科目对利润进行调节。减值准备可以转回。

4. 长期投资、固定资产、无形资产、在建工程、商誉的减值准备

这些项目特点基本一致，可以归为一类，都要计量可收回金额（可收回金额是指投资的出售净价与预期从该资产的持有和投资到期处置中形成的预计未来现金流量的现值两者之中较高者。其中，出售净价是指资产的出售价格减去所发生的资产处置费用后的余额）。低于资产账面价值的就计提，计提后也都不可以转回。前面提到过，不可转回的主要原

因是避免操纵利润。

5. 投资性房地产减值准备

如果是按成本计量的，同上，计提后不可转回；如果是按公允价值计量的，就无须计提减值准备。

6. 金融资产的减值准备

主要持有至到期投资、委托贷款、可供出售金融资产等以成本计量的项目，与上面各项资产不同。金融资产减值准备的计提方法是预计未来现金流量与资产账面价值的差额，低于账面价值的确认减值损失。通常情况下，金融资产的减值准备是可以转回的，但活跃市场中没有报价且其公允价值不能可靠计量的除外。

现在我们总结一下，资产减值准备的计提可以分成四种情况：第一种是以公允价值计量的资产，这类资产的价值是随着市场价值而变动的，所以无须计提减值准备；第二种是流动资产，由于流动资产的价值经常随市场变化，且按成本计量，所以这类资产的减值准备可以转回；第三种是非流动资产，这类资产一旦出现减值，出现价值回升的可能性较小（也不是绝对的，例如投资性房地产回升的可能性就很大），准则制定者又担心利润被操纵，干脆都不允许转回；第四种是以成本计量的金融资产，比较特殊，同第二种情况，只要活跃市场中有报价的，不用担心利润被操纵，就可以转回，反之，不可转回。

说了这么多，现在回到题目，为什么单独进行减值测试的应收款项减值准备转回部分要算作非经常性损益？当然还是为了防止利润被操纵。因为单项计提的应收款项都是单独分析计量的，主观性较强，而新准则又允许坏账准备转回，那操纵利润的余地就大多了。比如，A 上市公司对 B 公司有一笔应收账款 1 000 万元，2014 年，A 公司利润完成较好，想留点余钱，就对这笔款项单独计提坏账准备，随便找个理由，款项到期，能收不收，年底过了账期，给审计所打个说明书，就说 B 公司当年经营业绩不理想，款项收不回，且单笔金额较大，所以要对该款项单独进行减值测试，计提坏账准备 300 万元。到了 2015 年，经营业绩好了就继续挂着（当然要和 B 公司商量好，利息还是要收的），如果经营业绩不好，把钱一收，利润就自然而然地回来了。

十六 对外委托贷款取得的损益

实际上委托贷款也是投资，长期投资得到的收益计入投资收益，算作经常性损益，委托贷款的利息收入也是计入投资收益，却算作非经常性损益。同是自有资金，同是投资，对收益的归类却大不相同，为什么？其实，这反映了管理层对一些上市公司近几年不专心主业经营，却热衷于投资理财的一点不满。在当今银根紧缩的大环境下，搞委贷、搞理财的确能给企业带来不错的收益，但风险同样存在，普通投资者很难分清企业的利润哪些来自主业，哪些来自投机，所以监管层要把二者按项目直接分开。

十七 采用公允价值模式进行后续计量的投资性房地产公允价值变动产生的损益

第 15 项提到过，投资性房地产如果以公允价值计量是无须计提减值准备，但公允价值变动产生的损益呢？众所周知，过去十年是中国房地产业的黄金十年，房地产的价格总的来说一直在上涨，个别地区一年中涨了十几倍。如果以企业对自有房产以公允价值计量，能给企业带来不小的账面收益，但账面毕竟是账面，上涨的背后蕴藏着高风险，今年以来就有不少地区出现了房价下跌的情况，甚至有的城市出现了房价腰斩现象。如果不把投资性房地产公允价值变动产生的损益作为非经常性损益计量，就有可能使上市公司的利润产生大幅的波动，从而导致普通投资者产生误判，这显然是监管层不愿意看到的。

十八　根据税收、会计等法律、法规的要求对当期损益进行一次性调整，对当期损益产生的影响

举个例子，A 公司 2014 年以前企业所得税一直是按应纳税所得额的 25% 交纳的，后来因经营范围调整，成了高新技术企业，税率变成了 15%，那么差额部分虽然没有进行账务处理，也是要作为非经常性损益扣除的。

同样，会计政策调整对当期损益造成影响的，也要作为非经常性损益扣除。如果企业想通过提高或降低坏账准备计提比率来操纵利润，调节出的损益也要作为非经常性损益扣除。

十九　受托经营取得的托管费收入

近年来，有一些经营不善的上市公司，为了提高业绩与控股公司合作，通过各种关联交易转移利润，受托经营母公司资产收取托管费就是

其中常用的手法之一。因为与其他关联交易不同，托管费本质上是一种服务费，有点无本生意的意思，收入甚至可以净得，比其他关联交易操纵利润的空间更大。所以为了防范出现这种情况，受托经营取得的托管费收入也变成了非经常性损益。

二十、二十一 除上述各项之外的其他营业外收入和支出，以及其他符合非经常性损益定义的损益项目

为什么我们监管层在下定义时都留一个除上述之外，或者其他项之类的项目呢？因为经济发展是千变万化的，每天都有新的事物、新的概念出现，再好的政策也跟不上这变化，所以政策制定者往往在制定政策时会给自己留点余地，加上个“其他”，其实就是保留了最终解释权。

讲到这里，非经常性损益的 21 个项目已经全部解释完毕，说了这么多，还要总结一下。

作为证监会的信息披露解释性公告第 1 号文，证监会对非经常性损益的重视程度是不言而喻的，重视的原因就是非经常性损益可以对当期利润造成很大影响，从而导致普通投资者对报表信息产生误判（机构投资者当然不会，人家可是专业人士，哪一点看不明白，直接当面问清楚了），这种误判有失公平性原则。所以我写本书的目的是希望大家更好地了解非经常损益在报表中是怎样反映的，而不是用于操纵利润。毕竟，操纵只能快活一时，打铁还要自身硬，企业要真正做大做强，还是要靠主业，靠良好的经营管理。

9个最具代表性的问题解答

一、电商会计应按何种方法确认收入？

◆ 问题说明 ◆

1. 若以支付宝到账时间为确认的时点，那么到账时无法确切知道是哪批货收到的款，大量买家在月底购买往往是跨月后才确认收货，需要一个个去核对才能确认成本，工作量太大，对库存管理也是一种挑战。

2. 若以发货时间为收入确认的时点，成本结转的问题可得到完美解决，但新出现的问题是，现行的会计准则不允许，“与交易相关的经济利益很可能流入企业”是确认收入的条件，因为买家不确认收货或者没确认就退了，商户支付宝也收不到钱，审计们不会同意？

解答：

这是个好问题，问的是电商（具体一点好像是B2C里的B方）收入确认时点的依据是什么？还有一些电商会计的困惑更多是指电商收入成本确认的原则，收入成本如何匹配。两者还是有区别的。

对于前者，个人意见是不要过多地纠结于定义，互联网是新兴产业，我们财务人的思维也要跟上，只要不是原则性的问题，能创新的就要创新，准则上不是有实质重于形式原则吗！我的意见是按发货时间确认收入更符合实际必须情况，更具有操作性。因为支付宝到账的钱和货物很难匹配，而发货时间和发货数量是匹配的、可计量的，更具有可操作性。收入确认原则中提到“相关的经济利益很可能流入企业”这一条件，这里是指 50%~95% 的可能性，我相信大多数电商发货后收到现金的可能性都会超过这个比率（否则这家电商的可持续经营就成问题了），所以按发货时间并没有违反原则（这里仅指 B2C 的模式）。有人可能会问：退货了怎么办？很简单！各算各的，退货的把收入冲回来就是。

其实我更感兴趣的是后者——电商收入成本确认的原则，收入成本如何匹配。上面说的只是这个问题的一小部分而已。

现在有些会计做账喜欢走极端：要么太保守，不开票不确认收入，没收到票坚决不入账；要么太奔放，合同刚签就敢先把收入确认了，成本也不讲配比原则了，货没发，估个毛利率就敢结转。

这里以两个电商会计的实际经历为例：

案例一：某服装网店，11 月份销售发出商品共 100 万件，商品成本是 2 000 万元，但这 100 万件衣服，到底卖了多少钱，电商会计 A 不知道，他只知道 11 月支付宝收到了多少款，但这些收到的款，却不是 11 月发出的 100 万件衣服卖出的，其中有 10 月份的贷款，也有 11 月份的预售款、退换货等。那么，电商会计如何确认这 100

万件衣服的销售金额呢？所有的电商官方软件所提供的销售金额都是不准确的，而且往往没有扣掉退货金额！

案例二：与上面一个案例正好相反，电商会计B在12月份收到支付宝款项2 500万元，但他不知道这2 500万元，到底是哪些货卖出的，也就是他无法确认这2 500万元的商品销售成本。他来到当前这家公司时，这里的会计每天收到款时，用支付宝里的“商户号”，去一一查找对应的订单号，然后再去找相应的销售商品，最后得出商品销售成本，他当时就感觉好像在沙滩上数沙子，理论上是可以数出来的，但事实上那是疯子才做的事！他也问了工作结果，回答是：“累死了，但总感觉不对，里面情况太复杂，什么拆分订单之类的，就对应不上了！”那么，如何确认电商业务的销售收入与销售成本呢？他咨询过很多同行，大多数人的做法是：收到支付宝货款时确认收入，仓库销售发出商品，确认销售成本，显然，这里的销售收入与销售成本并不匹配，权责发生制在这里，只是徒有虚名！

上面的案例有个误区，电商会计认为收到钱才是收入，但由于销售信息掌握在电商平台手里，他无法及时获得相关信息，也就无法把收到的钱和销售的商品相匹配，导致了确认的收入和发生的成本产生错位现象。关于收入确认的时点前面已经说过了，商品发出先确认了再说，因为风险已经转移，退货的可能性较小。现在的问题是成本，收入确认了，成本就要匹配结转，这是原则！收入是多少？售价呀！成本是多少？进价呀！符合权责发生制吗？我认为是符合的。

可能还有人问：收款怎么办？更简单了，货发出去，先挂电商平台的应收账款（也可以另起个“零售户”之类的名字），同时确认收入。钱收回来，就是应收款收回，银行存款增加，应收款减少！这和销售情况有什么关系？

下面财务要做的就是及时掌握退货信息，并做出相应处理，不然会影响库存的管理。

补充说明：

1. 上面说的仅限于 B2C 中 B 方的会计处理，也就是说电商平台在其中只体现平台的作用，B 方通过物流直接发货给 C 方（个人买家）。对于那种 B 方把货交给商场或平台（经营上这是代销商品）寄销，并没有转移商品的所有权，发货时确认收入显然是不合适的。

2. 对于上面的处理方法有个很有意思的现象是审计表示反对，会计表示赞成，理由都很充分，其实是立场不同。审计以防为主，如果按发货确认，年底为提高销售业绩和利润，突击发货怎么办？这是先入为主地把会计当骗子了。其实会计的目的很简单，能满足经营管理的需要，核算上要方便、准确，仅此而已。当然审计的顾虑也有道理，但不能因为制度有漏洞就不要制度了，我们的目的是发现问题，完善制度。突击发货要查很简单，先看现金流，如果全年的发货量和现金流成正比，基本就不会有问题。大笔发货量很明显，查看下账和供应链，几分钟的事。如果你认为发货有问题可以要求被审单位提供相关订单信息，这都不是什么难事。

二、为什么一家公司为避免被 ST（退市预警）的命运，把仓库卖掉，然后又买了一间同等价值的仓库，这样做有什么意义？

当然有意义，按照历史成本计价的原则，我们假设这个仓库账面原值是 1 000 万元，已提折旧 500 万元，余额 500 万元，由于房地产升值，市场价值升到了 1 500 万元，也就是说现在把仓库卖了可以净得利润 1 000 万元，从而达到公司扭亏为赢的目的。

当然仓库还是要用的（货还在那），所以可以原价买回来（其实没必要做这么明显，只要把仓库租回来就可以了），原值 1 500 万元，重新开始计提折旧。

这样做有什么问题？很明显，该公司利用了准则的漏洞，做了一次盈余管理。

有办法应对吗？我们可以根据实质重于形式的原则，认定该业务无效！但是，这其实也没什么道理，人家仓库是真升值了，凭什么不让人家确认？仓库资产也是资产，升值也是投资收益，也是利润，如果不让确认，只能说准则的历史成本算法有问题，与公司无关。

三、余额宝应该如何进行会计处理？

◆ 问题说明 ◆

一家小型企业，有少量资金没有存入银行，而是放到余额宝中，这种情况下应该如何进行会计处理呢？

解答：

判断一项货币性资产应归为货币资金还是金融资产，重要的是判断该资产的流动性和风险大小，余额宝的流动性很强，基本和活期存款差不多，最少比定期存款强。风险方面目前来看也不大，至少不会比信用社的存款风险大，所以个人认为可以放在货币资金的其他货币资金里核算。

在这里多说一句，现在的上市公司信息披露有问题，对金融类资产披露要求很高，细化到每一项，但对定期存款却没有要求，实际上，定存也是投资，也是金融资产，流动性还不如很多结构性理财产品，很多公司如果有大额定存其实是一种很保守的投资行为，对股东可能并不公平。

另外，存款保险制度推行以后，银行存款也是有风险的，在不同的银行存款风险可能也不同，所以银行存款披露应该明细到每个银行的余额。

四、以前年度损益调整科目如何在报表上体现?

◆ 问题说明 ◆

以前年度损益调整科目是在本年度调整上一年度的损益，但是企业不能反结账使用上一年度的科目，使其对应的科目还是本年度的科目，在财务报表上是如何体现的呢?

解答：

从补充来看，题主对这事是认真考虑了，但有些概念还没有分清，这也是现今很多财务人员都存在的问题，知道怎么做（以前老会计就是这么做的），不知道为什么这么做（上学的时候就知道背书做题应付考试了）。

首先做账和做表是两回事，大多数情况下，做账是给自己看的，目的是为了把事情的过程说清楚；做表是给别人看的，目的是把事情的结果反映出来，至于过程，那要看账以及其他的业务信息。

就以“以前年度损益调整”这科目为例，报表上这个科目已经取消了，为什么？因为这个科目就是个筐，什么事都可以用“以前年度调整”来掩盖，所以被取消了。如果要调整期初数，就要说清是什么事，是差错还是政策变更等等。然后把报表中相关科目的期初数或上年同期数都变更过来，这叫追溯调整。

注意这个追溯调整，意思就是从调整事项发生之日起开始调整报表，理论上说，十年发生的，就调十年的报表数。

但账务处理中，以前年度损益调整还在用，因为以前的账已经结过了，分录只能在当年做，损益又不能反映在当期，所以要用到这个科目。具体分录就不一一举例了，但账务处理的结果就是对资产类科目的期末数产生变更。但期初数不动，因为上年数已结账了。

这时有人可能会问那账表的期初数不就不一致了吗？是的，所谓账表一致，是指结果一致，至于过程，因为对象不同，肯定还是不一样的。

五、会计需要进行冲回的账务处理时，什么情况用交换借贷方来冲回，什么情况直接用红字冲回？

解答：

这是个实务的好问题。个人以为任何情况下都应该用红字冲，尤其在目前这种用财务软件做账的情况下。

举个例子，一笔销售业务，借：应收账款 1 000 万元，贷：主营业务收入 1 000 万，第二天发现确认依据不足，红字冲回。如果你反向冲，借：主营收入 1 000 万元，贷：应收账款 1 000 万元，那月底你过账时会发现你的科目余额表上这两个科目借贷方发生额多了 1 000 万元，这还不是最严重的，反正余额是对的。最严重的是你报表的收入会多出 1 000 万元，因为报表自动从账本取数时，只会从收入类科目的贷方取数（同理，费用数从借方取数），你的报表会披露出错误信息！

为什么报表不能从收入的借贷差额中取数？因为收入和费用是要通过利润结转，最终这两个科目的借贷方发生额要一致，所以如果从差额取数，那就什么数也取不到。

同理，如果你把应收账款做到了贷方，系统会误认为这是一笔货款回收。也是错的。

六、从所得税费用能否看出企业在调节利润？

◆ 问题说明 ◆

最近在看唐朝的《手把手教你读财报》“所得税费用”这一章中讲道：“用明细里‘按税法及相关规定计算的当期所得税’数字除以 25%（以茅台为蓝本），大致可以推算出税务局认定的当年企业税前利润。”

解答：

乍一看，我也以为这是在胡扯！但仔细想想，还是有道理的。

我们不能要求非专业人士用专业能力一眼就看出报表的真假（专业人士也不可能，因为信息量有限），人家想用一点小技巧也未尝不可，提个疑问总可以吧，哪怕这个问题太可笑，可人家总有权提吧？

应纳税所得额和利润总额的差额主要体现在两个方面，一个费用，超过税法认定的额度，所得额不能扣，所得税还得交（其实很多时候这额度定得没有道理）。但费用是真实发生了，会计必须确认。还有就是各种坏账准备，税法认为这些准备是估计出来的，不准抵！

因为费用导致应纳税所得额和利润总额出现差额是普遍现象，这个一般没问题。但还是存在调节利润可能。

举个真实的例子，上个月有朋友找我帮忙，说是他们下属控股公司预报全年利润，发现他们今年利润完成得不错，一查发现有部分原因是该公司占用了总部的大量货款，大约有 1 个亿。总部享受所得税优惠政策，当年所得税不用交，子公司不享受这个政策，要交 25% 的税。所以必须把 1 个亿利息收回来，让子公司少交点税，合理合规！办法很简单，让总公司代开一张收资金占用费的发票，子公司把利息一交就成了。问题是利率该定多少？所得税法有规定，不能超过同期银行贷款利率，也就是 5%~6%，超过部分开票也不能抵。可大家都知道，市场上资金利率五花八门，按国家规定利率贷款，一般公司根本贷不到，所以正常应该在 10% 左右，之所以利率要高一点，因为这是控股公司，还有占股份 20% 的小股东，如果利息收得少，那小股东明显占便宜了。

那么如果收得高呢？按高利贷利率收 30%，那下属公司也就不赚钱了，小股东就亏得多。当然，20% 的小股东有权看账，但股民就不好说了。应纳税所得额不会骗人，该交税还得交，这时差额过大还是存在问题的。

各种坏账准备更是如此，有所得税基础知识的人都知道，当期计提的各项准备是不能抵扣的，如果正常计提，应纳税所得额和利润总额的差距不会太大，如果为了调节利润，加速计提，那差距就会拉大，也就能暴露一些问题。

最后再多说一句，去掉税法中的不合理因素，应纳税所得额还是值得关注的，因为税法是基于收付实现制，会计制度是基于权责发生制，原则不同，角度不同，有时候换个角度看问题，就有可能发现更多的问题。

那为什么很少有人用这一招呢？因为我们国家偷税漏税的比例比单做假账的比例还要高，所以应纳税所得额的可信度太低了。

七、财务工作在不能接触到真正业务时如何获取经验?

◆ 问题说明 ◆

如题，假设是在一家大企业里，岗位、权责较为分散，各位同事都很忙，没有人有时间手把手教你，业务也相对简单、基础、清闲，该如何通过各种方法获取会计实操经验？

解答：

记得卓别林的《摩登时代》有一个经典片段，一名工人的工作就是在流水线上拧螺丝钉，时间长了成了习惯，看见什么都要拧一下，下了班，见人鼻子都要拧。这就是工业时代的副产品，工作环节的细分提高了效率，但把人的能力和范围也细分了。

所以这个问题的确是个大问题，我见过很多人（一般都是大中型国企），一辈子只干过一个岗位，报税的报了一辈子税，做往来账的对了一辈子账，大工厂还有专门记固定资产台账的，竟然记了一辈子固定资产。

这样的工作太无聊了！其实这些人的人生当中总有那么几次机会改变自己的人生，比如换一次岗、调动一次工作等，不过他们习惯了、适应了，所以一辈子也就这么过去了。

那么我们怎样才能改变自己的命运呢？

1. 多学习，多考证。这是老生常谈，也是不变的真理，在大企业，你要证明自己比别人优秀，比别人努力，学习并考到证书是一个很好的办法，考得好了领导就会留意到你，有事时会想到你。

2. 多汇报。其实这不是一种对所有人都适用的工作作风，不小心就会成了一个打小报告的。但多汇报真的会让你在领导心目中加分，汇报工作心得，偶尔聊聊家长里短，都可以拉近距离，在交流中可以了解领导所思所想，也可以总结自己的工作，积累经验。很多时候，你不主动要求，领导是不会主动为你着想的，他们可能会想，小王在这个岗位干了好几年了，已经顺手了，看样子也热爱这个岗位，就让他继续干吧！你说这事冤不冤！

3. 多做项目，多找事做。有了上面的积累，你就可以找领导要活干了，一个大单位总有这样那样的项目或问题要解决，小到组织一次培训，大到设计和实施一个系统，都要临时调动人手，切记实务经验都是从实务中得来的，有些事你不亲自做，一辈子可能也学不会、理解不了。所以一定要参与到项目中来，组织一次小型培训可以增进同事间的交流，提高组织能力；如果你能参与一个系统的设计，那么机会就来了，比如公司要搞会计制度的修订，一次内控制度建设，一个信息化系统的建立或完善，还有上级主管的一次检查、一次审计、一次调研等等，把握机会，参与进去，这种事项一般都是跨部门的，是了解公司业务的好机会，也是表现自己能力的好机会。

4. 换工作。也许你因为这样或那样的理由，上面说的三条你都做不到，那就只有换工作了，也许新的环境会让你有新的机会，但再多提醒一句，机会永远都是留给有准备的人，不努力只靠空想和抱怨？想想电影中的拧螺丝钉的工人吧！

八、财务会计中应付职工薪酬的问题应该如何处理？

◆ 问题说明 ◆

书上说非货币福利，企业将其所拥有的租赁的住房等资产无偿提供给职工使用，根据受益对象，按产品公允价值、住房的折旧或每期应付的租金，计入相关资产成本或当期损益，同时确认应付职工薪酬。

那么，比如一个企业为生产工人免费提供集体宿舍，该宿舍楼房每月计提折旧 2 000 元，书上的账务处理：

借：制造费用

　　贷：应付职工薪酬

借：应付职工薪酬

　　贷：累计折旧

我的疑问是为什么不能直接做成一笔：

借：制造费用

　　贷：累计折旧

不通过应付职工薪酬账户，反映的内容也是为楼房计提折旧，为什么不能这么做呢？是硬性规定吗？

解答：

你这叫乱做账，现在有些新人经常这么干。

举个例子，比如你和一个客户做了一笔小生意，收了 100 元钱，怎么做账？借：现金 100 元，贷：主营业务收入 100 元，看上去没问题吧？

到年底了，老板让你出个管理报表，统计一下全年对所有客户的销售情况，做个排名。现在你该怎么办？如果销售量很大，多笔生意，一笔笔地找，费时费力。

如果你是这么做账的，借：应收账款——A 客商 100 元，贷：主营业务收入 100 元；借：现金 100 元，贷：应收账款——A 客商 100 元。

到了年底，你只需要清点应收账款客商辅助余额表，不用 10 秒问题就解决了。

现在你明白了吧，通过应收应付账款过渡是为了统计的需要，为了管理的需要！

九、如何通过 A 股上市公司财报推测出该公司非高管的员工薪酬水平？

解答：

首先你要了解上市公司财报的构成，上市公司财报是有固定格式的，一般分为两大部分，第一部分是董事会报告，这是年报的精华，也是公众最关注的部分；第二部分是报表和附注，一般是由事务所出具的，也是董事会报告财务部分的基础。

要推测员工薪酬水平，就要从以上部分资料里提取数据，并分析你想要的信息，按上交所要求，董监高的工资是要公开的，所以在董事会报告——董事、监事、高级管理人员和员工情况里，可以查到董监高的人数和工资水平，由于该部分人员工资水平较高，要作为一个最高分去掉。

再找财务报表的现金流量表，经营活动产生的现金流量部分有支付给职工以及为职工支付的现金的金额（相信我，所有报表里现金流量表是真实性最强的报表，事务所有可能和公司合伙对报告进行修正，但现金流量表一般不会），这是公司当年给所有员工发放的薪酬，包括五险一金，也包括公司承担的部分。

举个例子：这是某上市公司董事会报告中的片段，上面有董监高的职务和薪酬数据。

这是该公司的员工结构图。（略）

让我们再找到该公司的现金流量表。（略）

资料有了，下面就是计算的问题。

该公司当年总人数为 1 452 人，其中董监高管 10 人（不含独董和监事会主席），平均收入30万元左右，剩下1 442人，总收入17 120万左右，人均年收入为 11.87 万元，但这还是平均数，如果想应聘该公司，还要看你想要什么职位，这是一家传媒公司，有不到 20% 的印刷工人，这部分人员收入一般偏低，按现在市场行情，应该在 5 万元左右，扣除这部分最低值，我个人判断，该公司管理人员平均收入应该在 15 万元左右，刚入职的大学毕业生收入水平应该在 6 万 ~8 万元。当然，岗位不同，学历不同，还会有所区别。

如果你还想分得再细一点，还可以看销售费用和管理费用中的人员费用明细，但这部分往往与人员结构不是一一对应关系，只能参考了。

补充一点

1. 上面说的收入都是公司为员工承担的全部支出，包括五险一金，所以员工实际收入不会有那么多，对高管来说，大概是九五折，对普通员工来说可能是九折左右，总之收入越高，差额越小。

2. 上市公司董监高的收入一般不准确，通常会比公告的数字要大一点儿，董监高还会有职务消费费用，所以想当上市公司高管的人就不要参考上面的数据了。

3. 公司董事长比总经理工资低，大概是因为该董事长在上市公司的母公司还有一份收入，国企上市公司通常都有一个控股公司（也就是所谓的国有企业），股份公司的董事长通常都是控股公司的董事长。

4. 独立董事是我国从西方国家引进的，反而成了上市公司最有价值的岗位，一年开两次会（有时候还不来，找人代开，代投票），开会就举手表决一下（通常他们都会举手的），很难相信一年开两次会，一次会就半天，一般也就两个小时，他们能代表广大股民发表什么有价值的独立意见？但人家钱没少拿！一年 5 万那是起步价！这些年来独立董事已经成了上市公司一景了，飞机要坐商务舱，来去要专车接送，要住五星级酒店单间，开会就互相吹捧！面对这样的情况，我只想问一句：还有公司缺独立董事吗？

结语

由于篇幅所限，很多问题没有展开，但换个角度想，我们从大学到工作，读了无数专业书，真正在实践中能用到的又有多少？指望靠一本或几本书解决大问题是不现实的，知识需要不断的积累和运用。如果本书能够帮助你发散一下思维，在工作中找到一点方向，那本人非常荣幸！